日本経済の再生は近い

加藤寛

聞き手 黒川和美

keiso shobo

はじめに

暑い夏、参議院選挙で小泉自民党は大勝した。しかし、郵政族の圧倒的支持で当選した人もいるのだから参議院選に勝っても、どちらが流れを作るかはこれからの争点である。参院選の後、八月一杯に予算の概算要求をまとめ年末までに小泉内閣の骨子を盛りこんだ来年度予算を作成せねばならぬから反改革派にとっては、ここがまず決戦場となるはずである。

そこへ郵政民営化、特殊法人統廃合、公共事業見直しといった改革をもちだせるだろうか。与野党の討論をきいていても、野党はいままでの自民党にできるのかといきりたっている感がある。たしかに、どの改革も自民党の提案は、「見直し」という言葉が多い。「見直し」たあと、変えないことを官庁用語では「見直し」ということが多いので疑わしくなる。小泉総理は、「聖域」といっていたものを「見直し」といったのだから前進だと歯切れがいいが、「見直し」たあと腰砕けとなったことが過去に多かっただけに気になることも事実である。

ところがここで橋本内閣の時と大きな違いがある。橋本内閣時代創られた省庁再編によって官僚主導を排し、政治主導になるよう内閣機能が強化されたことである。とくに経済・財政の方針については内閣府に設けられた経済財政諮問会議（竹中担当大臣）がとりしきることになった。もちろんこれは諮問会議であって、企画・立案の権限は付与されておらず、財務省（塩川財務大臣）はこれを根拠に、企画・立案権は我にありと一見対立風になっている。

しかし竹中経財大臣は実に粘り強く、骨太方針を最後には八割程度提言としてもりこむことに成功した。民営化とか証券税制改革では竹中大臣の意を尽くしていないかもしれないが、それでも各方面の反対をのり切ることができた。

しかし竹中大臣にはもう一つののりこえるべき相手がいる。それは族議員とくに地方の反対派である。例えば道路財源にしても、目的税法改正がなければ削減されるわけでもないのにすでに地方切捨てと反対論が多い。これらを説得しなければ公共事業見直しなど難しい。竹中大臣はきっと戦略を練っているだろうが、どうしても難しければ、最後は、小泉総理の決断に頼ればいい。内閣一致でなくても総理の決断によって実行ができることになったし、また次官会議を通さなければ閣議決定できなかった過去の政策運営に対し、総理は自らの方針を主張することもできるようになったからである。

小泉首相のことを、最近の流行歌ライオンハートになぞらえ、ライオンハートと呼ぶ。髪の形がライオンを髣髴させるためだろうか。しかしそれをいわれるたびに、私は何となく一九二九年の浜口首相がライオンと呼ばれていたことを想い出してしまう。

一九二三（大正十二）年の関東大震災で大痛手を受けた日本はその処理を誤り、日銀の手形裏書が莫大な負債をつくりあげ、一九二七（昭和二）年金融恐慌に突入してしまった。財政緊縮、新規事業削減・中止といった行財政改革路線は避けられぬ道であった。

補助金の削減・打ち切り、恩給法の改正、官吏の減俸。さらに、①農林省と商工省との合併による産業省、②逓信省と鉄道省を合併し交通省とする、③拓務省を廃止する、④局・課の整理統合などが提案された。しかし各省の反対は根強く、鉄道大臣（江木翼）が辞任するなど混乱をおこし、拓務省廃止のみに終わってしまった。

第一次大戦後の日本経済は水ぶくれの状態が続き「浮華の弊風」に慣れきってしまっていた。金融恐慌を経験しても財界の整理や緊縮の必要性はかけ声ばかりで「金解禁問題の解決こそは、行き詰まれるわが国の経済的安定に絶対必須の要件であると私は深く信じている。」（井上準之助『金解禁—全日本に叫ぶ』一九二九年）しかしこの解決策は、肺病患者にマラソン競争させるようなものであり、アメリカ経済の大恐慌突入とともに日本に昭和恐慌をもたらすことになった。かくて改革は失敗した。

当時の浜口首相には改革を断行する指導性が与えられていなかった。内閣不一致が足をひっぱったのである。しかし今は違う。小泉総理には内閣主導の力が与えられているのだから「断行なくして改革なし」と心得るべし。

本書は、税調委員の職を退いてから約一年。もう日本はどうにもならんと思った時、小泉内閣が誕生した。これは残された希望の星である。ここでもう一言いい残しておきたくて、永年の学友黒川和美法大教授に討論者をお願いして勁草書房宮本詳三氏の協力でできた上がった。これ以上は蛇足になる。あとは後輩にまかせよう。記して感謝申し上げたい。

二〇〇一年八月

加藤　寛

目次

Ⅰ　日本経済の再生は近い

一　日本は自己改革できるか

黒川　二十世紀末、そごう問題で火がついて、解決していなかった不良債権問題で日本の雲行きがまたおかしくなってきました。いまは景気が上向いたというムードも今年に入って消えてしまい、不良債権問題が解決しないのだから、景気回復というわけにいかないのは当然なのです。それなのに、政府には何となく安堵感があってのんびりしている。そこでやっと小泉政権になって従来の方向を一新する方針が生まれて来ました。

そこなのです。『ビジネス・ウィーク』誌二〇〇〇年七月十日号にちょっと驚く記事が載っていました。

「何年にもわたる呼び水策、銀行救済、課税基盤の縮小の結果、一九九三年には三%の黒字だった日本の財政は、現在一〇%の赤字に落ち込んでいる。今年の政府債務負担は国と地方をあわせた総計で六兆ドルとGDPの一四〇%に達する。債務返済コストは、地方自治体への繰り入れ分を差し引いた政府収入の六五%にのぼる。政府でさえ、徹底した歳出削減をしなければ、二〇〇五年には債務がGDPの一八〇%にふくらむと予測している。

民間の試算では、これを上回る数字が出ている。

ＩＭＦにとっては、冷や汗の出るような数字だ。その衝撃はおそらく巨大な債券市場に波及するだろう。金利は急上昇し、日本の財政は危機に陥る。実際、早急に変化を起こさなければ、日本は年内にも再び金融危機に見舞われるとコーティス副会長は見ている。日本を専門とするマサチューセッツ工科大学のデイビッド・アッシャー教授は、メキシコや東アジアの危機をはるかにしのぐ「富士山（＝財政）の噴火」が起きると予測している。」

では、どうすればよいのか？　ここでＩＭＦの知恵が必要ですね。呼び水政策の効果もなく、消費支出は回復していない。国民は、巨額の債務は将来の増税と歳出削減の上に成り立っていることを知っているのです。「国民は守りの体制に入っている」と、日銀政策委員会のメンバーであり、かつてＩＭＦのエコノミストだった田谷禎三氏は話しています。したがって、ＩＭＦは抜き差しならない状況から抜け出す方法を見つけなければなりません。おそらく、外部の識者の知恵にすがることになるでしょう。長い間日本の窮状について想を練ってきたアッシャー氏のアドバイスは説得力があります。

たしかに、日本という国は自分の力で国をたて直す気になかなかならないようです。いつも外圧で、どうしようもなくなってから、やっとやる気がでてくるようです。通信接続料金の引き下げ問題にしても、アメリカからやんやとせかされてやっと引き下げに踏み切っています。とすればやはり日本の改革、たとえば金融改革にしても政府の財政再建にしても、やる気はあるのだろうが、どうにも足を踏みだせないのではありませんか。

踏みだせばリストラ・倒産とその影響は計り知れないから、穏便にことを運ぼうとして、改革につながらないことが多いようです。「手心を加える」といって辞任に追い込まれた金融再生委員長がいましたが、日本のいまのやり方は、誰が責任者になっても、誰も思い切ったことをやれない。ぬるま湯で進むだけですから、いつまでたっても答えが出ない。やはりここは外国から注文をつけてもらってやるしかない。ゴーン氏に期待する日産と同じですね。

つまり、日本経済が良くなってきているように言われているが、アメリカの株価に引きずられて上がっているだけで、イギリスの『エコノミスト』誌二〇〇〇年十一月四日号は「漂流する日本」というタイトルで、日本経済が滝にさしかかって落ちそうになっていることを表紙絵にしています。

『エコノミスト』誌では、金融分野における巨大な郵便貯金と住宅金融公庫の民営化、通信分野におけるNTTの分割と独立した規制緩和機関の設立、司法分野における外国人参入を認める規制緩和、土地分野における流動性を高めるための土地相続税制の見直し、農業や建設における競争政策の強化など、日本はやるべきことがたくさんあるが、小泉政権に替わるまでは時間がまだあると思っている体制であったために、痛みを伴う人々に配慮して、改革を遅らせようとした。日本は自分の力では回復できまいとみています。痛みが伴うことを前提にした小泉政権だから国民から支持されています。

黒川　しかし、IT革命を追い風に何とか経済を回復させたいと躍起になってきたのが森政権でした。小泉政権もこのこと自体は悪いことではないという判断に立っていますね。

パソコンの普及とともにこれをネットで結び、インターネットを利用して新しいベンチャー企業を起こすということが、アメリカのニュー経済成長であったことは世界の認めることでもあります。そこで日本では二〇〇五年をめざして光ファイバーを敷設し、各家庭をインターネットで結び電脳都市を創るという計画でいます。

それはそれで一つの方向ではあるのですが、みんな同じ方向に向かって進んでいっていいのでしょうか。工業化社会の教育は、同じ時間、同じ場所に多くの人間を集めて同じ教育をやってきました。しかしいまの子供たちをみていると、パラレルに遊びも勉強もやっているし、ティーンエイジャーはいくつかの仕事をごく自然にマルチタスクでこなしています。エール大学で歴史学を学んでいまはコンピュータ・サイエンスにとりくんでいる才媛がいます。普通の人からみれば「なんで？」ときぎたくなるでしょう。マルチの組み合わせは、これからの人にとっては自然の流れなのです。マルチ化して、いろんな選択肢があることをみんなが受け入れる時代になってくるのです。いままではパソコンこそ万能であるという認識が強かったのですが、何でもパソコンの時代ではなくなります。パソコンゲームが流行したが、いまやゲームのためにパソコンを使う時代ではなくなっています。

アメリカはパソコンからスタートした国ですからパソコン中心ですが、アジアもそうなるかというとそうとは限りません。アメリカに遅れていてもアメリカに追いつこうという意識自体がまちがっています。携帯電話をみても電話の通信回線が未整備の国ほど早く普及しています。コンピュータの導入が遅れている国ほど最新の設備を入れることができるから、あっというまに情報化が先行することもあります。

パソコンにしても、今は完全武装した情報システムを構築していると思っている企業が、近い将来、遅れをとるかもしれません。近頃、大学ランキングで、学生一人当たりのパソコン数を基準にならべている統計がありますが、こんなバカげたことはありません。パソコンの数ではなく、ネットの能力が、キロビットなのかギガビットさらにテラビットなのかが差となるべきなのですが、日本ではいぜんとしてパソコンというハードウエアでしか、情報処理を考えていないようです。

何しろいまはマルチＯＳの時代になっているのですから、マイクロソフトだけに頼る必要はありません。リナックスもあればトロンもある。同じものをつなぐのでは意味がなく、違う世界の人たちとつながる時代なのです。マルチが求められる時代だから、英語が必要だというのは古い考え方だということになります。いまや英語のみならず、世界各国語、しかも漢字でさえ「超漢字」が登場するに至っています。事実、日本が二〇〇五年まで光ファイバーをめざすといいますが、既存配線を使ってすでにＤＳＬ（デジタル加入者回線）が普及し、日本の二千件に対し、韓国三百万～三百五十万件・シンガポール・台湾・香港などそれぞれ二十万件・アメリカ約百四十万件という接続状態にあります。

遅れた国といえども、いつでも新技術で参入し、競争する時代になったのです。それなのに国内でしか使えない携帯電話の台数を誇るなど、時代遅れとしかいいようがありません。やっとＮＴＴもアメリカの圧力の前に、回線料金を下げたり、ＡＵは携帯電話の外国での利用を可能にしたり、努力を始めましたがいつのまにかアジアは外国企業に席巻されています。国際競争力強化を謀っても犬の遠吠えにしかならなかったのです。ＩＴ革命推進はいいとしても、そのやり方が明治政府以来の政府主導型では、日本の前進は危ぶまれます。政官財依存体質を早く脱却しなければ、日本は「先進国衰退国家」（中西輝政）になってしまうのではないでしょうか。小泉新内閣の片山総務大臣は、ＩＴ革命は公共事業だと言っています。少し古いのではありませんか。

黒川　そうですよね。何しろＩＴは必要条件ですからね。

ＩＴ革命を真に革命たらしめることが必要でしょう。あの明治維新を想起してみてください。あの当時の幕末人は、いかに産業革命の近代技術を身につけようかと必死でした。それは、江戸時代を創りあげていた古い秩序の破壊であり、精神革命であったのです。彼らはその身につけていた儒学を捨て、西洋文明を取り入れなければなりませんでした。これが革命ということでしょう。

したがって、もしＩＴが革命であるなら、私たちの生活の態様も考え方も変えていかなければなりません。端的に言えば、世界は二十四時間誰かが地球のどこかで起きています。世界の情報を得るためには夜間は寝るものという常識ではついていけなくなっています。身分に制限はなくなりました。インターネットで一面識もない世界の学者と上下の差もなく意見交換ができるようになったのです。私たちは、その変化をただただ当然のことと思い、それに追いつこうと懸命になっていくことが望まれます。

二　人材教育

黒川　だから、これからは教育がＩＴの基礎といえますね。

いま日本のＩＴ革命は、武士道・商人道を忘れてしまいましたが、明治財界人はこの支柱があったればこそ、日本人であることを忘れず商業を確立したといえましょう。しかし大正末期、西洋にかぶれ、商人道はすたれ人々が利にのみ走り、商業道徳は著しく衰退しました。商業は本来、サービス業であり、相互の信頼関係を創りあげることから発するはずです。インターネットはサービスの交易であり交流です。顔の見えない相手との取引である以上、相互の信頼がなければ交流は成り立ちません。信頼は相互のルールを認めることから発します。したがって、ＩＴ時代には、この相互信頼・倫理道徳が基本です。商業といい、ビジネスといい、ＩＴといってもその基本は少しも変わりません。

いま日本では商業教育が軽視されつつあり学生数も減少していますが、商業が成り立たなければ、国際交流が成り立ちません。そのビジネスの倫理・道徳の教育を忘れては、教育改革はにせものです。ＩＴ革命の主導者たちよ、商業サービスの基底にある、倫理・道徳の教育を忘れるなかれ。そして日本の教育に「士農工商」ではなく「商工農士」であることを伝えてほしいのです。

ところが、多くの日本の現状を憂える人々から、大きな期待をかけられていた、教育改革国民会議が昨年十二月二十二日森喜朗前首相に中間報告[*1]を提出しましたが、それ以降さっぱり盛り上がりません。盛り上がらない中心が教育基本法の改正延期[*2]です。「意見の集約がまだみられていない」からだそうです。

＊1　**中間報告**　平成十二年十二月二十二日、教育改革国民会議から森善朗首相（当時）に報告された教育を変える十七の提案。その概要は以下のとおり。

人間性豊かな日本人を育成する…教育の原点は家庭であることを自覚する、学校は道徳を教えることをためらわない、奉仕活動を全員が行うようにする、問題を起こす子どもへの教育をあいまいにしない、有害情報等から子どもを守る

一人ひとりの才能を伸ばし、創造性に富む人間を育成する…一律主義を改め、個性を伸ばす教育システムを導入する、記憶力偏重を改め、大学入試を多様化する、リーダー養成のため、大学・大学院の教育・研究機能を強化する、大学にふさわしい学習を促すシステムを導入する、職業観、勤労観を育む教育を推進する

新しい時代に新しい学校づくりを…教師の意欲や努力が報われ評価される体制をつくる、地域の信頼に応える学校づくりを進める、学校や教育委員会に組織マネジメントの発想を取り入れる、授業を子どもの立場に立った、わかりやすく効果的なものにする、新しいタイプの学校（〝コミ

ユニティ・スクール〟等）の設置を促進する
　教育振興基本計画と教育基本法…教育施策の総合的推進のための教育振興基本計画を、新しい時代にふさわしい教育基本法を

＊2　**教育基本法**　昭和二十二年、日本国憲法の精神にのっとり、わが国の教育の基本的なあり方を定めたもの。前文および十一条よりなる。かつての教育勅語に代わって民主主義教育の目的、方針を明示する教育宣言としての性格をもち、教育憲法ともいうべきものである。教育の目的（第一条）に「教育は、人格の完成を目指し、平和な国家及び社会の形成者として、心理と正義を愛し、個人の価値を尊び、勤労と責任を重んじ、自主的精神にみちた心身ともに健康な国民の育成を期して行われなければならない」と定め、以下、教育の方針、教育の機会均等、義務教育、男女共学、学校教育、社会教育、政治教育、宗教教育、教育行政について定めている。この前文のために青少年に対する「愛国心」の教育ができないとする主張が根強く存在し、この法の改定を求める動きも強い。

　新聞報道によると、中間報告をまとめる作業を進めていた企画委員会メンバーの牛尾治郎、金子郁容氏らが、原案に盛り込まれていた教育基本法改正へ向けた十項目提案についで削除したのだといいます。

　十項目提案とはどんなものかというと、第一は、基本法の前文で個人や普遍的な人類が強調されすぎ、郷土・伝統・文化などの尊重が抜け落ちている。第二に宗教教育を重視する九条の規定があるため情操教育が十分におこなわれず人格形成に問題が生じている。第

三に、十条の「教育は不当な支配に服することなく（略）おこなわれるべきもの」という規定が拡大解釈された経緯がある——といった内容で、勝田吉太郎、梶田叡一氏らのしごくもっともな意見だったといいます。

しかし九月六日に開かれた全体会合で、藤田英典氏は「改正する理由も必要もない」と主張。大宅映子氏も「条文のどこが問題かわからない」と述べるなど反対論がでました。黒田玲子氏も「基本法の改正をすべきだという結論はでていない」と事務局に強い調子で抗議したといいます。さらに、太田昭宏氏（公明党議員）は「改正自体に反対ではないが、党内には『戦前に戻るのか』という声が強い」として慎重な審議を求めました。日教組幹部も「改正には反対」と主張しています。

一方、「新しい教育基本法を求める会」（会長西澤潤一）は、九月十八日森首相に要望書を手渡し、①伝統の尊重と愛国心の育成、②家庭教育の重視、③宗教的情操の涵養と道徳教育の強化、④国家と地域社会への奉仕などを申し入れました。

しかし国会はどちらかというと教育基本法の改正には冷淡です。それは憲法と絡んでいるからだといいます。教育基本法前文にはこう書いてあるからです。「われらはさきに日本国憲法を確定し、民主的で文化的な国家を建設して世界の平和と人類の福祉に貢献しようとする決意を示した。この理想の実現は、根本において教育の力にまつべきものである。」

つまり、日本国憲法の精神に則り、教育の目的を明示して新しい日本の教育の基本を確立するため教育基本法が制定されているので、憲法の内容を改正しない限りは、基本法の改正は不要ということになります。しかし実は、高橋史朗氏の『「総点検」戦後教育の実像』（PHP研究所）によれば、教育基本法は、教育勅語を前提としてそれを補完する意味で作られたのだといいます。

そういわれてみれば、郷土・伝統・文化への内容が基本法に入っていないのは、教育勅語にまかせたからにちがいありません。教育勅語と一体であるべき教育基本法を、国会決議で切り離してしまったために、私たちの教育から伝統尊重や徳義を教育から除いてしまったのです。もちろん教育勅語の復活を私は望んでいません。新渡戸稲造『武士道』[*3]の方がいいと思います。道徳は強制によって創られるものではない。構成員の一人一人が納得し支持する気持ちを持たなければ道徳は成立しないからです。

＊3　**『武士道』**　新渡戸稲造（一八六二〜一九三三年）著。武士道が日本を生かす精神であると説き、そこにはキリスト教を受け入れる素地があると述べた。発刊以来たちまちベストセラーとなり、ドイツ語、フランス語、ポーランド語などに次々と翻訳された。セオドア・ルーズベルト大統領もこの本に感銘を受け、日露戦争の講和条約に尽力したとされる。邦訳の岩波文庫は一九三八年刊。矢内原忠雄訳。

奉仕を義務付けることによって教育の柱としようとする議論もありますが、これも道徳と同じで子供にそう考える心をもたせなければ意味はありません。戦時中に育った私たちはみな勤労動員を経験しているが、そこには奉仕の気持ちは育たなかったと思います。戦争を忌避したからではありません。新渡戸武士道にいう「誠」と「仁」の心がなければ奉仕にならないからです。阪神大震災の時のボランティアの活躍をみて下さい。奉仕は強制ではなく個人の心の選択なのです。そこで私たちはＰＨＰ研究所で石井威望、渡部昇一、屋山太郎、八木秀次、和田秀樹氏ら教育を憂える方々と「基本法」を作って公表しました。

中間答申では教育基本法の改正を慎重であるべきという議論が多かったので、これはひどいと思ったのですが、どうまき返しがおこなわれたのか知りませんが、最終答申ではあとで見直すということになりました。つまり改正はするが、すぐはできないからあとでということであって、日本得意の先送りでした。もし先送りなら、全部検討してから最終答申をだすべきではないでしょうか。

基本法改正もしないで、どんな改革をやるというのでしょうか。国民会議の委員の方々は誤解しているようです。基本法が実は、教育勅語を前提にしていたから、これを除いたら、基本法は形骸にすぎないことを理解していないのではないでしょうか。文部省としてみれば基本法を温存させておけば、形骸にすぎないから、あとは、文部官僚の意のままに改革できるという安全弁と考えたのではとも疑いたくなります。

事実、委員の方には、基本法がいかに歪曲されて学校教育法に具体化されていることを知っていたでしょうか。委員の方々の中には、憲法に基づいて基本法を創ったのだから、憲法改正につながる基本法改正はできないという。

しかし憲法論議をあとまわしにしておいて現行基本法で教育改革ができると思っているのでしょうか。もしそうだとしたら、教育基本法を曲解しているとしかいいようがありません。現状の教育の荒廃の原因が教育基本法に発することを知ったら、具体的な教育改革論がでてくるはずがありません。もし具体的な教育改革への指針が示せたら、それは基本法を効力停止しておかなければならないことになります。

たとえば、最終答申に、コミュニティ・スクールの提言があります。提言自体はすばらしい提言ですが、基本法を具体化した学校教育法にそれは許されていません。学校設立の自由は認められていないからです。具体的には地区ごとに学校長を公募するのはまことによいことですが、教育基本法には、そのような校長に教育権限はまかされていないのです。基本法を改正しなければ、コミュニティ・スクールは実現不可能な提言です。

さらに、奉仕の奨励も、最初は「強制」となっていたものを、すべての学生に体験させることをすすめることにとどまりました。強制よりもよいことですが、勉強もしたくない、学校にも行きたくない、働きたくもない子供をどうやって奉仕させられるのでしょうか。「奉仕」を宗教的な精神で「強制」するのはいいが、そんな宗教心を教えていない学校で奉仕の心など出てくるはずがありません。基本法は、修学旅行で神社・仏寺参詣を鳥居・山門の前で自由解散、崇拝自由をさせるような考え方となっているのです。そんな基本法を温存しておいて、奉仕の役割などできないではありませんか。

いじめ問題、登校拒否が、教育改革の現実だと直視するのは正しい。しかしその解決のために、「奉仕」とか「ゆとり」とか「多科目受験」とか「AO入試」とかあまりにおざなりにすぎません。こんな改革案がでてくるのは基本法がしっかりしていないから、文部官僚の勝手な解決策に、国民は踊らされているだけなのです。たとえば、IT革命促進のために大学生を各初等教育に参加させたらいい。教師が教えるというから子供はついてこない。兄弟の少ない子供たちにとって先輩はよき仲間なのです。こんなことも教職課程制度が邪魔しています。これでも基本法を温存しておいていいのでしょうか。

三　今後十年の日本経済シナリオ

黒川　ここでこれからの日本経済のシナリオを説明してください。

いま世界は一つの大きな転換の時期にあります。ご承知のように、前総理森さんがアメリカに行かれた時、ブッシュさんからいろいろなことを言われてきました。それもずいぶん誤った報道がされて、日本だけが悪いことをしているような印象を与えています。しかし実は、その根本的な理由はアメリカにあり、アメリカがそのやり方を変えることができるかどうかが、大きなポイントだと思います。ところが、いまブッシュさんは、アメリカを変えることよりも、むしろ日本がアメリカの言いなりになってくれて、アメリカを助けてほしい。こういう気持ちのほうが強いようです。

ここで、特に私が強調したいのは、いま世界でいろいろな変化が起こっている。その変化を私たちが十分に知らないでいると、日本がつまらないことで傷を受けてしまうということです。

ブッシュさんは、お父さんに比べると、ちょっと格が落ちると言う人もいますが、集めた人材はすごい。さすが共和党だと思います。たとえば残念なことにちょっと病気になられましたが、副大統領のチェイニーさん。財界人ですが、中東問題に非常にくわしい。彼がもっと元気でしたら中東戦略は違った形になったのではないかと思います。

ブッシュさんは、話が下手で外交知識がないという評判でしたから、何とかそれを打破して人気を上げたい。そのために何を考えたか。まず大統領になったとたんに、イラク攻撃をしました。これは、クリントンとは政策が違うことを明確にするためです。中東問題の根源はイラクだと言って、イラク攻撃を開始する。これで人気が少し上がりそうになりました。

しかし、これでも十分ではありません。そこで、次は北朝鮮に対して強く出ました。これで人気がさらに少し上がって、やはり共和党は違うなという気持ちを世界に与えました。こういう時に日本がやるべきことは、そうした状況を頭の中に入れながら、どうやってアメリカの外交を日本に有利なかたちで引っぱり出すかということです。しかし、日本の指導者にはそれがわかっている人が少ない。

そういう意味でも、いま日本にとって強力な指導者が必要なことは言うまでもないことです。しかしその前にまず目先の経済問題を解決しなければなりません。特に株価が問題です。そのためにいま日本にとって、絶対にやるべきことがある。それをやらないとますます株価は下がるということを、先日、何人かのエコノミストたちと一緒に、自民党の幹部の方に申し上げたのですが、そのときに金庫株[*4]をやるというお話が出ました。

＊4　**金庫株**（Treasury stock）　企業が自己株式を取得し、消却をせずに保有することをいう。現在、わが国では、金庫株の保有は禁止されている。自己株式を消却することで、発行されている株式

数が減少し、一株当たりの価値が上昇するため、これによって株価の下支え効果が期待できる。今後の株持ち合い解消の売りに対する株価対策の一つとしても「金庫株」の解禁について、わが国でも検討されようとしている。

しかし、金庫株はだめです。確かに効果はあります。しかし金庫株は一種の毒薬です。一時的には効果があるように見えますが、お金がない企業にはできませんし、インサイダーの問題などが起こります。ちょうどその頃、イギリスの雑誌『エコノミスト』にこういう記事が出ました。「日本の株価は非常に危険な状態に入っている。しかし、これを解決するために、日本のオールド政治家たちは、金庫株のような誤った政策を出そうとしている。金庫株は一つの解決策ではあるけれども、日本が依然として古い体質を変えられないことを、世界に明言するものである。したがって、このような政策は取らないことが望ましい。」

私たちも同じことを言いました。こんなことをやったら必ず失敗する。日本はまた古い体質に戻ったのかと言われる。しかし、日本では一部に、そういう甘い汁に吸おうという人もいます。金庫株やってくれたらいいじゃないか。しかし、インサイダーの問題に対して、ちゃんとした監視機構が必要ですが、日本にはその監視機構がありません。だから、そんなことをやってはいけないのです。

では、何をしたらいいかと言われましたので、それは401（k）[*5]をおやりになることです。401(k)をやるとおっしゃってください。そうすれば、必ず株が好感を持って動きますよと言いました。401(k)は、株式配当の免税を大幅にやっていきます。アメリカでは、一年間に約一万ドルの免税があります。日本では平成十二年法案を出しましたが、廃案になりました。ようやく今年国会を通過しました。

＊5 **日本版401(k)** 年金には、国民年金、厚生年金などの公的年金と、企業年金、個人年金などの加入の自由が企業や個人の意思に任されている私的年金に分けられる。日本版401(k)といわれているものは、基本的には、企業が契約者として雇っている従業員の個人年金になる。企業年金については、はじめに給付額を確定し、これを賄うべき掛け金を産出して必要な資金を積み立てる確定給付型年金と、拠出すべき掛け金を先に決め、その給付額はその時代の社会的情勢に応じて得られる掛け金の運用益で事後的に決定する確定拠出型年金に分かれる。この確定拠出型年金が401(k)といわれるものである。確定給付型年金は保険料の拠出者と退職者の人口比率の変化、特に団塊の世代の退職と少子化によって今後保険料を拠出する比率が低下してしまう。また、受給者の寿命が延び給付額が増加してしまう。さらには、過去には高い運用利回りが予定されていたために実際にはそれだけの利回りを得られなかったなどの問題から、実態にあった制度へ移さなければならなくなり、確定拠出型という年金システムが考えられ、年金加入者はアメリカにおいては、その運用の仕方について選択の幅が与えられている。結果的には、低い利回りだが安定な運用を求める人と高い利回りを求めるが実際には安定的な利回りを下回ることもありえる。このような選択の余地があることから自己責任という原則も生まれている。近年、

日本版401（k）はその導入熱が冷めてきている。理由は、この年金に対する税制優遇が想定されたほど魅力的ではなかったことや中途引き出しが認められないことや転職時に同じ企業年金の形を移転先企業で受けられないなどの問題があるからである。特に401（k）の制度が備えられていた企業からそれを備えない企業に移るときには、従来想定されていた利益を失うことになる。著者は確定拠出年金が導入される最も重要な要因はそのポータビリティにあると論じている。

いま日本はデフレ経済です。たしかにGDPは増えた時もありましたが、実際には実質で増えただけであって、名目では落ちています。そういう状況ではいまの日本経済を支えることはできません。取引はすべて名目で行われます。株の価格も財産もみんな名目で計算しています。その名目で計算しているところに、内閣府は、実質成長率が去年よりも増えるとか言っています。現実の経済は名目で動いているのに、実質価値でいくら成長したと言って何の意味があるでしょうか。

日本は完全に流動性の罠[*6]に入っています。したがって、金利を上げても下げても影響がなくなってしまいました。こんな状況になっていることを認めなくてはだめです。いま政府はすべて真実を言っていません。隠していることを明確にしなくては、日本経済の十年後を予測することはできません。いま日本経済はどうなっているかを、もっとはっきり国民に言う必要があります。

＊6　**流動性の罠**　利子率がある水準まで低下（債券価格は上昇）すると、ほとんどの人が極めて低い利子しか生まない債権を保有するよりも現金を選好するため、中央銀行がいくら通貨供給を増やしても金利低下には結びつかないとする考え方。したがって、金利が低い局面で設備投資増加などを意図して金融緩和策を実施しても、その効果は限られることになる。

外国は日本のことをよく見ています。二〇〇〇年十一月四日付の『エコノミスト』誌に「漂流する日本」と題した記事が出たことは先ほども話しましたが、そこでは、日本の直面する三つの課題をあげています。第一には、日本の銀行が財政危機に陥る危険がある。倒産や不良債権が山積みされ、貸し出しが急上昇している。地価の下落も銀行のバランスシートを悪化させている。株式市場もあと五％下落すれば、ほとんどの銀行は損失を被るだろうと推測するアナリストもいる。

ですから、これから先も、証券業界、生命保険業界、あるいは地銀などの中には、どうしてもリストラをしなければいけないところが出てくるだろうと思います。しかし、それはそう大きなことではありません。たとえばある生保が行き詰まりましたが、株価には大きく影響しませんでした。つまり、いま日本の経済は、主だったところではリストラが進んできて、多少の傷が出てきても、それを乗り越えるだけの力を持ちはじめたということです。

民間の不良債権はどれぐらいあったか。大雑把にいって、八〇兆円というのが常識です。それが公的資金の導入もあって四〇兆円まで減り、その分だけ日本経済は回復しました。これが一昨年の状況です。しかし、まだ半分残っています。残りの四〇兆円をどうやって片付けるのか。これを世界は心配しています。

さらにもっと困るのは公的部門です。公的部門の不良債権は、国の統計では発表されていません。しかしアメリカがそれを研究して、日本の公的部門の不良債権は一二〇兆円あると発表しました。つまり民間の不良債権は半分減ったけれども、そのほかに公的部門の不良債権が一二〇兆円ある。これが全然解決できていない。

政府は、公的部門には不良債権はないと言います。特殊法人についても不良債権は絶対にないと言います。たしかに理屈はそうかもしれません。公的部門の原資は主として国債ですが、公共事業については三〇年物が多い。三十年たったら、この借りたお金は必ず返すという保証付きで、郵便貯金からお金を借りているわけです。

しかし、このお金は本当に三十年たったら戻ってくるのでしょうか。地方に行くとすごい道路ができていますが、ほとんど利用されていない。赤字路線です。赤字では、三十年経ってもお金は戻ってきません。そこで、どうしたか。なんと返済期限を六十年に延期しました。お金が返せなくなったら、借り手の方が勝手に返済を延期してしまった。こんなことは、金の貸し借りで認められますでしょうか。こんなことをやっているのが、日本の特殊法人の公共事業です。

こういう不採算事業は、道路ばかりでなく港湾でも同じです。全然使えないような港湾がどんどんできていく。たとえば、工業団地に資材を運ぶためにに使われるだろうと、何十年計画かで港湾を作る。しかしできあがった頃には飛行機の時代になってしまった。いま電子部品などはみな空輸します。せっかく港ができたのに、だれも使ってくれない。仕方がないから、日曜日になると開放して国営釣り堀り場をやっている（笑）。

そういうことをしておいて、なぜ不良債権はないと言えるのか。これが私にはわかりません。日本経済はこの公的部門の不良債権を片付けるときが来ないと、本当の景気回復はありません。それまでは、ちょぼちょぼとした景気回復があるだけです。日本経済はそれぐらいの大きな負債を抱えている。これが第一番目です。

『エコノミスト』誌があげる第二番目の課題は石油価格です。石油価格が高騰して、日本の貿易相手国、とりわけアジア諸国に悪影響を与えれば、ＩＴ関連製品などの輸出に大打撃となる。では、石油価格がこれからどうなっていくか。日本と中国の石油消費量を比較しますと、ついに中国が日本に追い付いてしまいました。あと五年か十年の間に、おそらく中国の消費量は日本の二倍になるでしょう。それだけ大きな石油消費をする中国が、日本の輸入する原油がアラブの国からマラッカ海峡を通り、台湾海峡を通って日本の国に運ばれてくることを黙って見ているでしょうか。なぜこんなところを日本の石油会社が通るのか。お金を出せということになるでしょう。

つまり日本にとって大きな石油問題がこれから起こってきます。それに対して、日本は何を考えておかなくてはいけないのか。もちろん原子力も重要でしょうし、その他いろいろなエネルギーも開発する必要があるでしょう。しかし、やはり石油に変わる大きなエネルギーは天然ガスです。その天然ガスはロシアから手に入れなければなりません。そのためにはどうしてもロシアを味方にしておかないといけない。

北方領土問題も頭に入れながら、どうやってロシアを味方に付けて天然ガスを手に入れるか。これには日本の魚を取る技術とパイプラインを造る技術を提供するしかありません。シームレスパイプラインを造り、どんどん魚を取ってあげる。こういうことを戦略的に考えなくてはいけないのですが、それができないところにいまの日本の弱さがあります。

第三の課題は、巨額な日本の財政赤字が、もし債券市場の長期金利を上昇させるようなことがあると、被害はより大きくなるということです。危機を脱するには二%以上の経済成長が数年にわたって続くことが必要とされますが、政府も日銀も、二〇〇一年度成長率がマイナスになることを認めました。

先ほど申し上げたように、日本の国債がどんどん増えていく。増えていったら、当然売れなくなりますから、利子を高くしなくてはいけない。ということは、少なくとも二%を上回る利息を付けなければ、国債は売れません。ですから、日本が二%以上の成長を続けることが必要になります。しかし、だれもそんなことを信じていません。ということは、結果的に日本はここで大転換が必要になっていることになります。

イギリスの『エコノミスト』誌（二〇〇〇年十一月四日）も言っています。日本政府にはやるべきことがまだたくさんある。金融分野では、巨大な郵貯と住宅金融公庫の民営化である。私もそう思います。小泉さんも郵貯改革論者です。いまこそ郵貯を変えなくてはだめです。通信分野では本格的なＮＴＴの分割です。私はもう何年も前からこれを主張してきました。いまの持株型東西分割ではなく本格的なＮＴＴの分割をしないから、競争ができない。競争ができないから結果的に、接続料金の引き下げができない。世界からワアワア言われて、やっと下がってきましたが、これはあまりにも遅きに失したと思います。

その結果、日本はＩＴ革命に完全に乗り遅れてしまいました。日米のネット普及度を比較しますと、日本は決定的に遅れています。たしかに、いま・ｉモードでは日本は世界のトップに立っています。しかしこのｉモードを持ってアジアに旅行して使えますか。使えません。こんなことで日本が世界に進出できるわけがありません。いまｉモードを全世界で使えるようにしようと、各国の会社を買収していますが、買収できたのはみんな小さな会社です。大きな会社はほかの国が押さえていますから、ｉモードがどんどん使えるような状況には、おそらくならないと思います。

では、どうやったらこのＩＴ戦争で日本は勝てるでしょうか。その一つの方法はインターネット教育です。インターネットに接続している学校は、アメリカでは八〇％近くになっていますが、日本は二〇％にならない。これが決定的にアメリカと日本の差を付けています。本当に残念なことだと思います。

余談になりますが、昭和六十年に中曽根総理が臨時教育審議会を作りました。そこで石井威望さんがパソコンを小中学校に導入することを提案されましたが、当時の文部省の反対でつぶされてしまいました。

同じ昭和六十年、当時クリントン大統領はアーカンソー州知事をしていました。ヒラリーさんが言いました。「あなた、知事をやっている間に、小中学校にパソコンを導入しましょう」。ヒラリーの言うことなら何でも聞くのがクリントンです（笑）。さっそくやりました。その結果、アーカンソー州はアメリカ随一の情報教育の州になりました。それがアメリカ全土に広がり、ついに日本に十年の差をつけました。同じ昭和六十年に、パソコンを導入したアメリカとパソコンを導入しなかった日本。この政策の差が決定的な結果を生んだことがおわかりでしょうか。

このままでは、日本は世界の中心として生き残ることはできません。平成十二年十二月に、アメリカのCIAが二〇一五年の世界情勢を予測した報告書「グローバル・トレンド」を公表しましたが、その中で「日本はアメリカ、EUに次ぐ世界第三位の経済圏に残ることは難しいだろう」と言っています。そこまで来てしまっているのです。しかし、もちろん私たちはそれを黙って見ていてはいけない。何としてでも日本を世界の三極に残れるような国にしなければいけません。

それを考える場合に、いま日本にとって一番難しいのは、人口の減少です。日本の総人口はいま約一億二〇〇〇万人です。それが二〇〇八年に減少が始まって、あとは加速度的に減少する。二〇五〇年には九〇〇〇万人になると予想されています。つまりいま一億二〇〇〇万人の人口で生産をしていると仮定すると、二〇五〇年には三〇〇〇万人の外国人労働者が入ってこないと、いまの経済水準を維持できないことになります。

さらに、二一〇〇年には六〇〇〇万人になる。日本人の半分が日本人ではない状況になります。数学者の計算によると、三〇〇〇年に二一九人になり、三四〇〇年には一人になり、三五〇〇年には絶滅する。おそらくこの頃にはトキ保護センターのような日本人保護センターができるのだろうと思います。

この数字はいろんなところで一人歩きしていますが、意外に皆さま方がご承知ではないことがあります。それは絶対数ではなくて比率を見ることです。日本の労働人口の計算では、高齢者人口を六十五歳以上として考えていますが、その比率はほとんど変わりません。つまり日本の人口は減り続けて大変だとみんな言っていますが、本当はそれだけの力を持っているのです。

つまり六十五歳定年でもうおしまいというのは、厚生省が決めたことです。国連統計が六十五歳以上を高齢者と決めているからですが、私は日本人の高齢者は七五歳以上だと思っています。本当に年を取っていくのは八十歳を過ぎてからです。そういう人たちは収入があるから、年金を払う必要はない。ですから決して年金の基金が底をつくことはありません。

また、これからはバイオ・テクノロジーの時代です。もうＩＴの時代ではなくて、ＢＴの時代です。ＢＴ時代が始まってくるというのに、日本の現状はひどいものです。たとえば、大学の特許取得についても、アメリカと日本は決定的な差があります。日本の大学もバイオ・テクノロジーをやっていますから、本当はその発明したものをどんどん産業界に出していくべきです。しかし、国立大学の研究はすべて開放しなければいけないことになっていますから、特許を取ることができない。そうなると、先生方も自分のもうけにならないから、あまり一所懸命にやらない。

今度は少しそれが改革になって、取ってもいいことになりました。しかし研究費をもらうにしても、これがいろいろと不自由です。たとえば、一年間の研究費は四月の予算で決定しますが、実際にお金が出てくるのは九月です。あと半年しかない時点で一年分のお金が出る。これではとても仕事はできません。このへんを直さなければ、みんなが本当に研究をやろうという気持ちになりません。こういうところの改革ができないことが、日本をだめにしています。

では、日本はどうすればいいのでしょうか。私は絶対に日本を立ち直らせることができると思っています。構造改革とよく言いますが、みんなその意味がよくわかっていません。古い産業や企業がつぶれて新しい企業ができることが、構造改革だと思っている方が多いようですが、そんなことは構造改革の中心ではありません。構造改革の大切なことは何か。それは、明治以来やってきた間違ったやり方を直すことです。

では、日本が明治以来やってきたこととは何か。一番目に間接金融[*7]です。銀行がどんどん預金を集めて、それを土地を担保にしてお金を貸した。それを改めて直接金融にしなければいけない。これが構造改革の第一です。

＊7　**間接金融**　わが国では、企業が投資資金を調達するにあたって、主として銀行から借り入れるという方式が戦後一貫して続いてきている。勤労者世帯の貯蓄現在高は一世帯平均一、三五六万円であり、このうちの七百兆円が銀行預金や郵便貯金として貯蓄されており、株式投資などの直接金融に回る資金は極めてわずかである。資金調達の面から見てもなおも他の先進国と比較すると、わが国は自己資本調達よりも銀行借り入れなどの間接金融のウエイトが大きく、これが世界の先進国の中でわが国が特異な形をとっているといわれている理由である。証券市場を育成するためにさまざまな工夫が採られつつあるが、人々のこれまでの習慣を変えていくことは時間を要しそうだ。特にわが国の株式市場は外国資本に依存するウエイトが高い。

二番目は外需依存です。明治以来、日本は常に輸出中心でやってきた。蚕を養って一所懸命に絹織物を作り、それを自分たちで着ないで輸出する。国内では節約です。輸出を増やすために節約するから、貯蓄がどんどん増えるけれども、舶来品は買えない。舶来品信仰ができてしまいました。最近は急に買えるようになったものですから、大変ですね。ルイ・ヴィトンなんか世界の七割を日本人が買っているそうです。

三番目に中央集権です。お金を全国から中央に全部集めてしまう。その中心になっているのが郵貯です。郵貯が日本全国からお金を集める。郵貯の金利はほかの金融機関より少

年間収入五分位階級、貯蓄の種類別現在高の構成比（勤労者世帯）

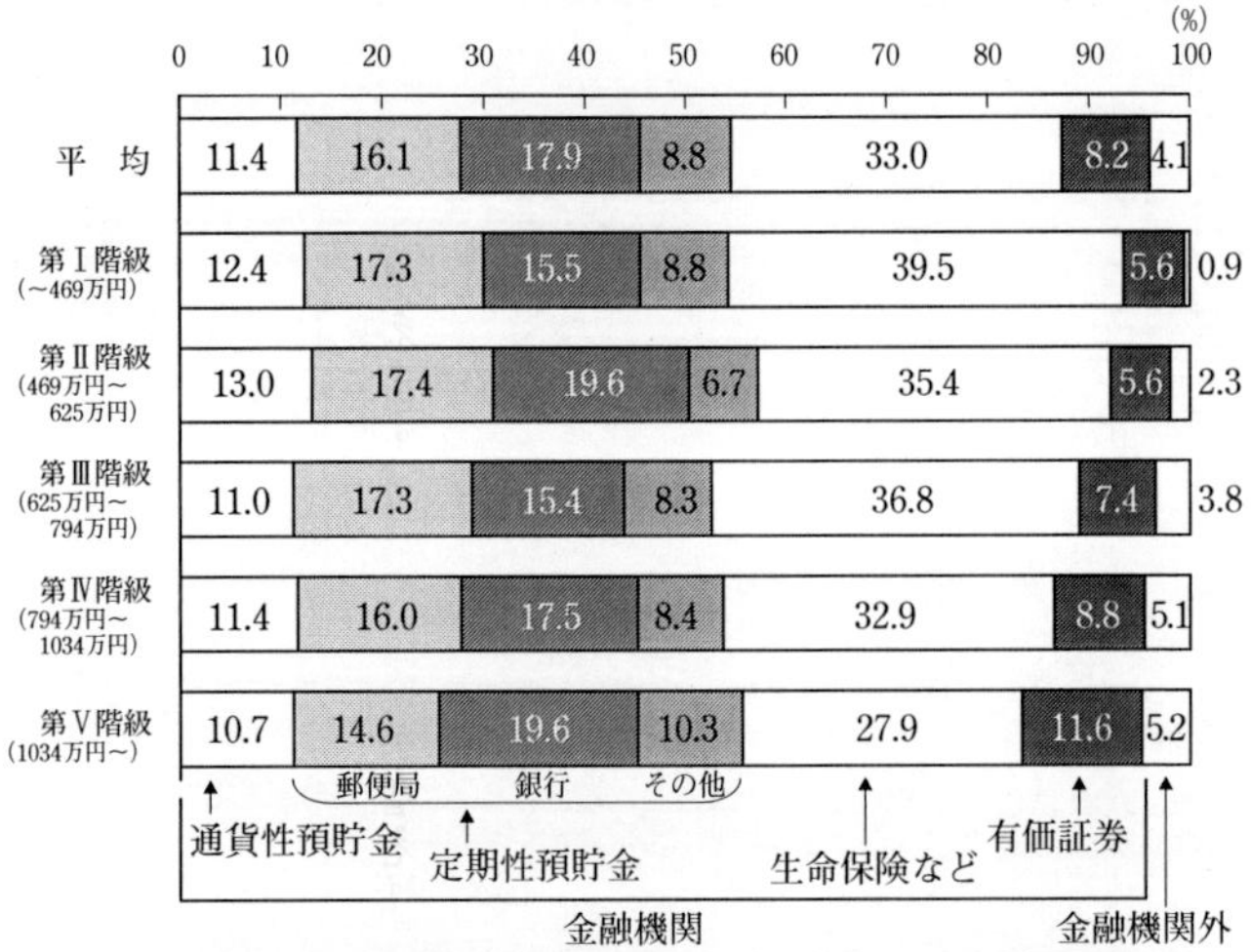

貯蓄の種類別現在高の構成比の推移（勤労者世帯）

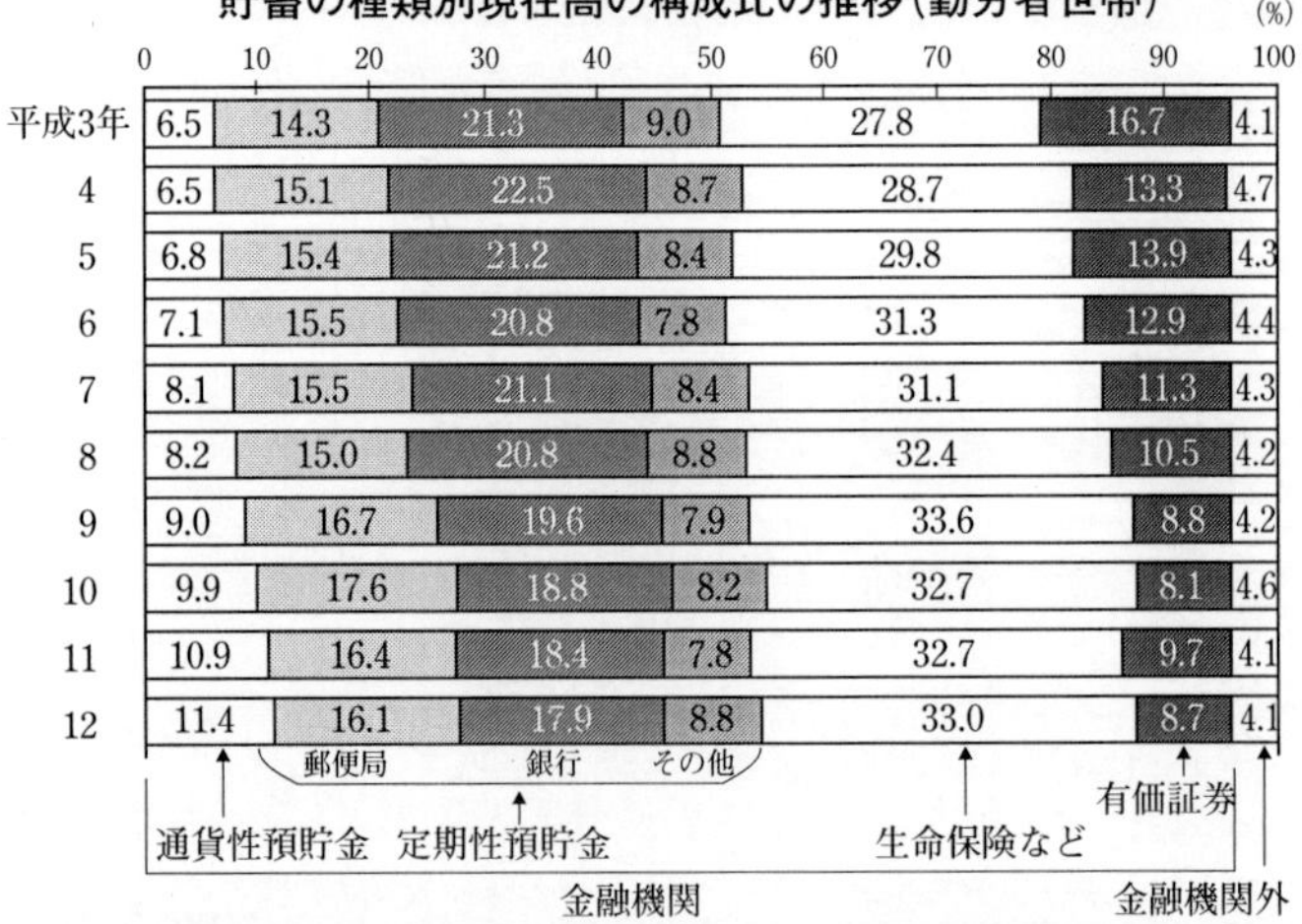

（注）金投資口座・金貯蓄口座は平成3年から10年まで、その他と生命保険などの間に表示。
（出所）総務省統計局・統計センターHP「平成12年貯蓄動向調査結果」より

し高くしています。金利が高いのだから、みんなが預けるのは当たり前です。明治以来こういうことをやってきました。この三つを直すことが構造改革です。その構造改革が実現すれば、日本は立ち直ることができます。では、具体的にはどうしたらいいでしょうか。まず第一に、先ほどから申しあげているように、４０１（k）を早く導入することです。そして、アメリカのように、一万ドルぐらいの配当は無税にする。そうすれば直接投資が増えます。直接投資が増えれば株価が上がります。

株が上がれば、不良債権が底上げされますから、不良債権処理の余裕が出てきます。そうすれば少しずつでも不良債権を減らすことができます。不良債権の中でいちばん大きいのは、先ほどから言っているように公的部門です。民間は何とか努力しているから大丈夫だと思いますが、問題は公的部門です。不良債権があると思っていないから困ります。いよいよ特殊法人に手をつける時がきたのです。財投債を極力減らして郵貯を地域で自主運用させ中央依存をなくすことです。

いま国と地方あわせて借金六六六兆円*8と言っていますが、それを一度に全部返さなければいけないわけではないでしょう。どこの国も、どこの企業も、借金は運営資金の一つですから、借金は返せればいい。借りておいて利益をあげられればいいのです。

＊8　**国の債務**　国債三八〇兆円及び借入金二〇兆円ならびに政府短期証券四七兆円政府保証債の債務残高五七兆円の現在高は表にあるとおりである。これに地方財政の借入金平成十三年現在では一三二兆円である。これらを合わせると国債、地方債、及び借入金の残高で六六〇兆円台になるし、政府保証債務を加えればさらに五八兆円増加することになる。国のGDPが名目五一〇兆円台であるので、マーストリヒト条約で考えられている公式の国債発行残高、対GDP比は五一〇兆円に対して三八〇兆円ということになり、六割の水準をはるかに上回っている。この状況になると、国債は市場の最優良評価でトリプルAで取引されなくなってしまい次第に市場での国債による資金の調達も困難になってくる。

私は、GDPの六掛けは借りておいていいと思います。ということは、六六六兆円の半分は借りておいていい。返さなければいけないお金はだいたい三五〇兆円です。三五〇兆円なら、さほどむずかしい金額ではありません。

なぜなら、郵便貯金だけでも二五〇兆円ある。簡易保険は一〇〇兆円。個人金融資産が全部あわせて一三七〇兆円です。そのほんの一部を回すだけで日本経済は回復します。日本は外国から借金をまったくしていません。アメリカが世界からお金を借りて成長している国であるのに対して、日本は世界から全然借りないで、いまの経済を作っている国です。少し努力すれば、それぐらいのお金は出てきます。

たとえば日本は国有財産が一〇〇兆円近くあります。それを売ったらどうか。極端な話、

国債及び借入金並びに政府保証債務現在高
（平成13年３月末現在）

１．国債及び借入金現在高

（単位：億円）

区　　分	金　　額
内　　国　　債	3,806,546
普　通　国　債	3,675,547
長期国債（10年以上）	2,570,113
中期国債（２年から６年）	771,715
短期国債（１年以下）	333,719
交　付　国　債	4,518
出　資　国　債　等	25,545
預金保険機構特例業務基金国債	45,834
日本国有鉄道清算事業団債券承継国債	55,103
借　　入　　金	1,100,929
長期（１年超）	699,020
短期（１年以下）	401,908
政　府　短　期　証　券	476,388
合　　計	5,383,863

２．政府保証債務現在高

（単位：億円）

区　　分	金　　額
政府保証債務	577,565

（注）　１．単位未満四捨五入のため合計において合致しない場合がある。
　　　　２．次回の公表（平成13年６月末現在）は、平成13年９月25日に行う予定である。
（出所）　平成13年６月、財務省理財局国債課国債統計係ホームページより

地方の財政状況（平成13年度）

	財政規模	公債発行額	公債費(うち利払費)	公債残高(13年度末)
地方(地方財政計画)	89.3兆円	11.9兆円	12.8兆円(3.9兆円)	約132兆円
(参考)国(一般会計当初予算)	82.7兆円	28.3兆円	17.2兆円(10.4兆円)	約389兆円

（出所）　平成13年度、財務省「財政の現状と今後のあり方」パンフレットより。

たとえば東大を売る。東大を全部買う人はいないでしょうから、分割して売る。研究室単位で売るんです。やはり東大にはよい先生がたくさんいますからね。私はすぐ買います。そうすると、学生が受験するときにみんな考えます。東大は千葉商大へ移った。みんな千葉商大に集まってきます（笑）。

つまり国有財産が売れないのは、付加価値を高める方法を取らないからです。付加価値を高めれば必ず売れます。日本には簿価で九一兆円の国有財産がある。それに一三七〇兆円の個人金融資産があって、アメリカのＴＢを三〇〇〇億ドルも買ってあげている。こんな豊かな国が困るはずがない。私に言わせれば、やろうと決意したときに、日本経済は立ち直れる。やろうと決意しないから困るのです。本当にやる気のある政治家が出てくれれば、日本はたちまち回復します。

では、何をすればいいのか。それについて野村総研の計算が発表されていますが、なるほどよく見ていると思います。それによれば、日本経済の再生には日本全体のＲＯＡを改善することが不可欠である。日本のＲＯＡ[*9]は九七年初頭は一・四％であったが、これが九八年には四％まで下がってしまった。これを何とかしなければいけません。

＊9　**ＲＯＡ（総資本利益率／総資産利益率）**（return on total asset）利益を総資本（総資産）で除した、総合的な収益性の財務指標。企業に投下された総資本（総資産）が、利益獲得のためにどれ

ほど効率的に利用されているかを表す。分子の利益は、営業利益、経常利益、当期純利益などが使われ、総資本（総資産）営業利益率、総資本（総資産）経常利益率、総資本（総資産）純利益率、とそれぞれ定義される。

$$\text{総資本（総資産）利益率} = \overset{\text{売上高利益率}}{\frac{\text{利益}}{\text{売上高}}} \times \overset{\text{総資本（総資産）回転率}}{\frac{\text{売上高}}{\text{総資本}}}$$

と表現できる。したがって、総資本（総資産）利益率を高めることは、利益率の改善（費用・コストの削減）または回転率の上昇（売上高の増加）によって実現される。実際の会計では、総資本を総資産として把握することが多い。

　アメリカでは、企業の収益性を判定するのに総資産利益率（収益率）＝ＲＯＡ、ないしは、株主資本利益率＝ＲＯＥがよく用いられる。

　長期低落傾向のＲＯＡを改善に導く一つのカギは、ＩＴ革命です。先ほど言ったように、どんどんＩＴ革命を進めればいい。そうすると、ＩＴ関連で投資が増えます。二つの選択肢のある中で、「変革忌避シナリオ」をとれば、二〇〇五年ころまでは危機的状況は顕在化しないが、二〇〇六年以降、経済破綻が一気に表面化する。一方、「フロンティア開拓シナリオ」の下では、二〇〇六年以降活力ある日本経済を取り戻す。ここ一、二年の進路選択が、今後十年、二十年の日本経済の将来を決定するとしています。

日本経済の十年後を予測してみますと、その主題に対する私の答えの一つは、この二年間です。今年と来年の二年間で、日本経済がやる気になることを世界に表明することです。そうしたら、日本は力のある国、借金をしていない国だから、きっと回復するだろうと世界は思います。そうなれば、アメリカの株に投資したがらない世界の投資家たちが、みんな日本に投資をします。それによって、日本経済は確実に回復基調に入ることができる。こんな単純なことが、ゴタゴタしているためにうまくいかない状況です。

『日経ビジネス』の「危険な二〇〇一年・破局の二〇〇二年」という記事をお読みになった方も多いと思いますが、なるほどと思います。「危険な二〇〇一年」の中には、たとえば時価会計導入[*10]が上げられていますが、私もこの時期の時価会計導入はちょっと早すぎると思います。ペイオフ[*11]はやらなければいけませんが、時価会計はもうちょっと遅らせてもいい。なぜそんなに急ぐのかよくわかりませんが、ともかくそれをさかんに言っているのも、一つの危機になります。

＊10　**時価会計**　企業が保有する株式、債権、デリバティブ（金融派生商品）などの金融資産を時価で評価し、損益処理すること。平成十二年一月に日本公認会計士協会より発表された「金融商品会計に関する実務指針」等に基づき、同四月以降に開始される事業年度より、企業会計・法人税額の計算等において、法人の保有する一部の金融商品が時価で評価されることとなった。従来の

会計制度では、貸借対照表に計上される資産の額は原則取得原価であったが、時価会計においては、その時点での評価が計上されるので、企業自体の把握がよりできるようになった。

＊11　**ペイオフ**　預貯金を扱う金融機関が破綻した場合、預金保険機構によって預金者一人あたり元金千万円までとその利息が保証され、それを超える元金および利息分は保証されないことをいう。しかし、これまでペイオフが実施されたことはなく、現在は政府の特別措置で預金の全額が保護されることになっている。この扱いは平成十四年三月末までの時限措置で、それ以降は金融機関の破綻に際してペイオフが実施される予定である。ひとつの金融機関に千万円以上預けている人にとっては、万一の場合、自分の預金が千万円しか引き出せなくなってしまうということである。ペイオフ解禁により、預金者は銀行に対する信用リスクを負うことになり、自己責任で金融機関を選ぶ時代となった。

ほかにもたくさん危険な状況があります。しかしよく考えてみると、やる気になりさえすれば何でもないことが多い。つまり日本の国がやる気になる状況を作り出すことが、最も重要なことです。日本の直面する問題は非常に多いけれども、この一、二年で必ず突破できる。いま日本はそこへ来ていると思います。

四　この危機をどう救う？

黒川　株価の下落など日本経済の先行きは再び不透明感を増しています。まず、日本経済の現状をどう見ていますか。

いまの状況は、基本的に構造変化が起きているときの景気後退です。ケインズ的に言えば「流動性の罠」に陥っているため、金融政策では効きません。財政政策でも効きません。そのことはケインズの『一般理論』にも書いてあります。『一般理論』の第二五章以降に、構造変化が起こっているときには短期的な不況対策は効き目がない、と。つまり、構造改革が起こっているときの景気後退局面においては、よほどのことをしない限り効果はありません。

ところが森政権発足後、政府は緊縮政策に入ってしまいました。先の補正予算も、少なくとも真水で一〇兆円が必要でしたが、結局真水は四兆円に絞られました。平成十二年度の当初予算と合わせると、約一〇兆円足りませんでした。一〇兆円足りないということは、成長率が一％落ちるということを意味します。予想どおり、日本経済は十二年度後半になって苦しくなってきました。十三年度予算も緊縮予算。これではどうにもなりません。しかも、公共事業では整備新幹線のフル規格化が通ってしまいました。外国人投資家は皆「日本は昔に戻ってしまった。これでは景気はよくならない」と言っています。これ以上、上げる力はありません。政策がだめなために落ちています。

インターネット接続料金引き下げを急げ

黒川　株価の低迷も、政策の失敗が大きな原因というわけですね。

経済を回復させようと思うならば、補正予算が必要です。たぶん財務省の抵抗もあるでしょうがやるしかありません。できないとすれば、景気はよくなりません。

小泉内閣登場で七月の選挙（参院選）を自民党は大勝しましたが、いぜんとして株価は低迷しています、４０１（ｋ）に期待がかかるのですが、さらに証券税制の株式優遇政策が急務です。

黒川　市場では、聖域なき小泉政権の経済構造改革に期待が大いに広がっています。

重要なのは、構造改革をいつからやるかはっきり明確な意識を持つことです。私の考えでは、日本経済が上向きになったときに構造改革に取りかかるべきです。しかし、小泉さんになって動き出した。もし景気回復の前に構造改革に入ってしまうと景気の足を引っ張ってしまいます。早くＮＴＴを分割して接続料金引き下げ競争をすべきだったんです。

ただし危険なのは、（満期一年以上の定期預金を考えれば、実質的には今年四月から）ペイオフが始まるということです。ペイオフが始まると、これはビッグバンだから、日本の信用組合や信用金庫を中心に、日本の金融界は十三年秋、もう一波乱あるでしょう。そのときに、日本がＩＴ革命をできるかどうかの微妙なタイミングであり、政府にとって非常に判断の難しい仕事になるでしょう。経済財政諮問会議が、それができるかは疑問です。

黒川　秋以降が一つのヤマになっている。

日本の金融問題に加えて、アメリカ経済の減速、さらには中東動乱から石油価格の上昇というリスクもあります。この三つが絡んで、小泉政権も日本経済も秋にかけ大きな試練を迎えるでしょう。もっとも原油は生産過剰でOPEC総会は電話会議で百万バレル削減にふみ切っていますが、アメリカはエネルギー政策の見直しを発表しました。

IT革命に伴う失業者対策こそが政府の仕事

黒川　単にコンピュータの台数を増やすだけでなく、インターネット・ブロードバンド[*12]に接続しているかどうかが問題ということですね。

*12　**ブロードバンド**　ブロードバンドとは、翻訳では広帯域のデータ伝送と説明されているが、高速大容量の情報インフラとして高速大容量がブロードバンドの意味として説明されてきた。現在、インターネットが普及するプロセスで大容量高速のネットワークが整備されると、動画をベースにした映画や音楽やインターネット放送が広く生活に組み込まれることになる。そのために現在

用いられているISDNといわれるネットワークから、思い切って情報量を少なくとも一・五Mbps程度に拡大する必要があることが議論されている。たとえばFTTH（光ファイバー）を用いることができると、三〇Mbpsから一〇〇Mbpsといった極めて情報量の多いネットワークを構築することができる。今普及されているCATVを活用した場合、下り線で一・五M程度で現在二千円から六千円程度のサービスが提供されている。諸外国で現在普及が進んでいるのが非対象型デジタル加入者回線ADSLというもので、これも一・五M程度の情報量をやりとりすることができる。しかしわが国には集合住宅が多く、また家庭の中ですべてのコンピュータとネットワークすることが難しいという問題があり、地域に無線LANを走らせるFWAという方式が地域四百～五百メートルの範囲で導入されている。この他に各家庭にネットワークされている電灯線の中に情報を通す電灯線インターネットも技術開発中であり、ADSL以上の情報を確保できるという実験結果もある。電灯線の場合、冷蔵庫などの家電製品から出るノイズが障害になるためこの問題を克服しなければならない。わが国の専門家の間では、まずとりあえず一・五M程度のブロードバンドが必要であるという議論と、思い切って家庭まで光ケーブルにしてしまうという議論に意見が分かれている。当面一・五M程度のブロードバンドを導入すると極めて近い将来に十分な情報を確保できないという不満が生まれ再投資しなければならなくなるという問題から、思い切って公的な資金を導入しても全家庭に光ケーブルをという議論もある。この選択がブロードバンドに関する今日のわが国の採るべき道筋の論争点になっている。

ハードよりソフトの問題です。IT戦略会議の出したe-JapanではIT革命のため、二〇〇五年までに全国津々浦々に光ファイバーを敷設すると言っていますが、インフラは十分あります。全国津々浦々というのは整備新幹線を作るのと同じで、「不採算路線」ができるのは目に見えています。日本のＩＴ戦略はメーカーの発想しかなく、ハードの問題ととらえるから混乱が起きるのです。ＩＴ革命とは送信するソフトの問題であり、ハードの部分は政府が何もしなくても自然と伸びていきます。

問題は、ＩＴ革命から出てくるマイナス部分、つまり失業者の問題です。私がＮＴＴ分割を主張した十年前にやっていれば、失業者は出なかったでしょうし、ベンチャービジネスが急成長していたでしょう。だが結局、日本の頭脳は動かず、ＩＴ革命の遅れにつながっています。

政府がやるべきことは、ＩＴ革命によって発生する失業者を助けることです。ＩＴ戦略のおカネは、ＩＴ産業に使うのではなく、セーフティネットを作ることに使う。ＩＴ革命による落ちこぼれを救うことが「デジタルデバイド」対策です。失業する人たちがＩＴ時代に適用できるように引っ張っていくことが、いまの日本に求められている政策でしょう。

ーネット接続サービスの実力比較

ADSL (非対称型デジタル加入者回線)	次世代無線 (FWA／無線LAN)	電灯線 インターネット
上り 512kbps〜 下り 500kbps〜1.5Mbps ／大阪めたりっく通信では３Mbpsも実現	１〜1.5Mbps	4.5Mbps
１〜３万円	未定	未定
5,500〜 7,000円程度	個人向け無線LANで 月額数千円程度が目標	5,000〜 6,000円程度が目標
●既存の電話回線を使うため、事業者の初期投資が抑えられる ●技術的には８Mbps程度まで、速度向上が可能	●光ファイバーやケーブルを新設する必要はなく、初期投資が安い ●NTTなどの電話会社に市内回線使用料を払う必要がないので、通信コストも削減できる	●家庭用コンセントにプラグを差し込むだけで、手軽に利用できる ●「エコーネット」などのネット経由で、家電製品のコントロールを行なう技術も実用化段階に
●電話局から距離が離れている場合、通信速度が低下することも ●ADSLに加入する場合、すでにISDNに加入している人はサービス解約が必要となる	●一つのアンテナから出る電波がカバーする範囲が狭い（400〜500m程度）	●家電製品から出るノイズが障害になることも。とくに、常時電源が入っている冷蔵庫が心配という
今年１月に３万4,000人余りだった加入者が、３月には６万9,000人弱へと急増。各社とも当面、大都市圏中心の展開だけに、早急なサービスの全国展開が望まれる	いまのところ、企業向けのサービスが中心。５月から、スピードネットが無線LANで個人向けサービスを開始した	九州電力では、年内の事業化を目標に開発を進めているとの報道もあるが、サービス実用化の時期はまだ不明
NTT東西、KDDI、日本テレコム、東京めたりっく通信グループ、イー・アクセスほか	NTTコミュニケーションズ、KDDI、ソニー、ワールドコム・ジャパン、スピードネットほか	電力各社

家庭向け「高速・大容量」インタ

	FTTH（光ファイバー）	CATV
当面の通信速度（最大）	10〜30Mbps／100Mbps（有線ブロードネットワークスの場合）	上り 128kbps 下り 〜1.5Mbps
初期費用	3万円程度	1〜5万円
月額料金	1万3,000円（NTT東西）4,900円（有線ブロードネットワークス）	5,000〜6,000円程度
長所	●現在、FTTHで各家庭に引かれようとしているケーブルは、30Mbpsまで通信速度向上の余地がある。次世代通信インフラの本命	●すでにサービスを実施している事業者が多く、他の方式に先駆けてブロードバンド環境を実現 ●電話回線を使用しないので、月々の電話代は不要
短所	●ケーブル敷設にともなう工事費など、初期投資が膨大 ●サービス提供事業者がまだ少なく、普及には時間がかかりそう	●サービス加入に当たり、住宅内へのケーブル配線工事が問題に ●CATVを実施している地域でなければ、サービスが利用できない
見通し	国の計画では、2005年までに各家庭に光ファイバーを引く予定だが、進捗の遅れを指摘する声もある	経営状況の苦しい中小事業者が多く、サービス展開に遅れも。複数のCATV局を広域に展開するMSO（多施設保有者）の動向が今後のカギ
有力企業	NTT東西、有線ブロードネットワークス	ジュピターテレコム、東急ケーブルテレビジョンほか、全国に事業者多数

（出所）『The 21』（ブロードバンドとは何か）、PHP研究所より。

各種コンテンツのダウンロード時間

	ISDN (メタル線) 64kbps	ADSL (実効) 600kbps	ISDN (光ファイバー) 1.5Mbps	FTTH 30Mbps	W-CDMA 384kbps
音楽(1曲) MP3(5分) 約4.8Mバイト	約10分	約64秒	約25.6秒	約1.28秒	約100秒
音楽(アルバム) CD(74分) 約680Mバイト (MP3)	約23時間 (2.5時間)	約2.5時間 (15分)	約1時間 (6分)	約3分 (18秒)	約4時間 (23分)
映画(DVD) MPEG2(2時間) 平均ビットレート (4Mbps) 約3.6Gバイト	約125時間	約13時間	約5時間	約15分	約20時間

試算結果(全国平均)

2005年段階の事業者集線点の光化率見通しについては、約88%と第2次中間報告における試算結果(89%)とはほぼ変わらず。
⇒2005年段階で、全国で約12%の事業者集線点の「経済的合理性」がないものと試算。

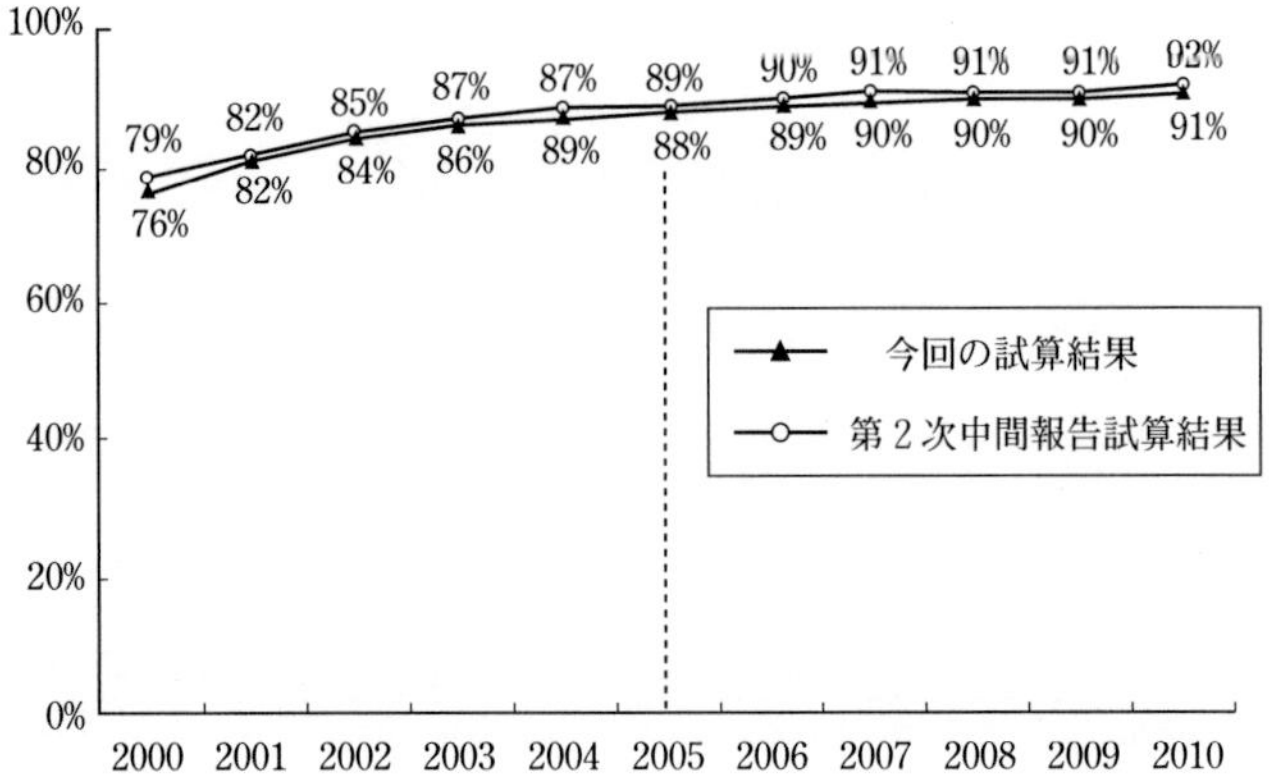

国・地方公共団体等による補助を行う場合

考え方

2005年時点において、エリア2～4の光化経済的合理性のない事業者集線点について、国・地方公共団体等が、当該集線点の光化に関する経済的合理性を得るまでの不足分を補助。

〔経済的に合理性のある事業者集線点における料金を6,000円とする場合（今回の試算モデル）〕

単純計算すると以下のとおり。

「エリア2」の経済的合理性のない事業者集線点（5%）のカバーする地域の利用者	約43億
「エリア3」の経済的合理性のない事業者集線点（25%）のカバーする地域の利用者	約3,399億
「エリア4」の経済的合理性のない事業者集線点（64%）のカバーする地域の利用者	約4,143億
合計：	約7,585億

〔参考〕

経済的に合理性のある事業者集線点における料金のバリエーションを踏まえた場合

＜ケース1＞7,000円の場合

エリア2：	約81億円
エリア3：	約3,487億円
エリア4：	約4,186億円
合計	約7,755億円

＜ケース4＞3,000円の場合

エリア2：	約166億円
エリア3：	約4,696億円
エリア4：	約4,458億円
合計	約9,320億円

＜ケース2＞5,000円の場合

エリア2：	約72億円
エリア3：	約3,331億円
エリア4：	約4,113億円
合計	約7,516億円

＜ケース3＞4,000円の場合

エリア2：	約89億円
エリア3：	約3,624億円
エリア4：	約4,246億円
合計	約7,959億円

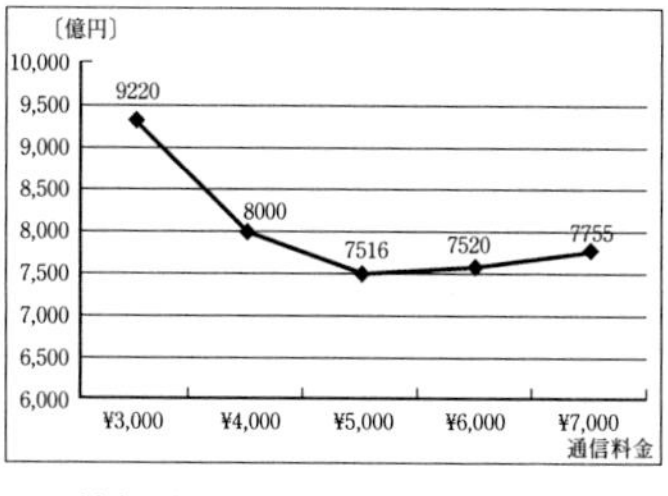

（注）　試算結果については、総務省「21世紀における情報通信ネットワーク整備に関する懇談会」野村総合研究所による。

eエコノミー時代へ向けた雇用シフト

雇用不安を解消しつつ、あらたな成長軌道に日本が乗るためには、①全企業に浸透する電子商取引、②情報通信産業活用製品・サービス事業、さらに③これらの推進エンジンである情報通信産業、という3つのタイプのeエコノミー・ビジネスに雇用をシフトさせることが必要である。

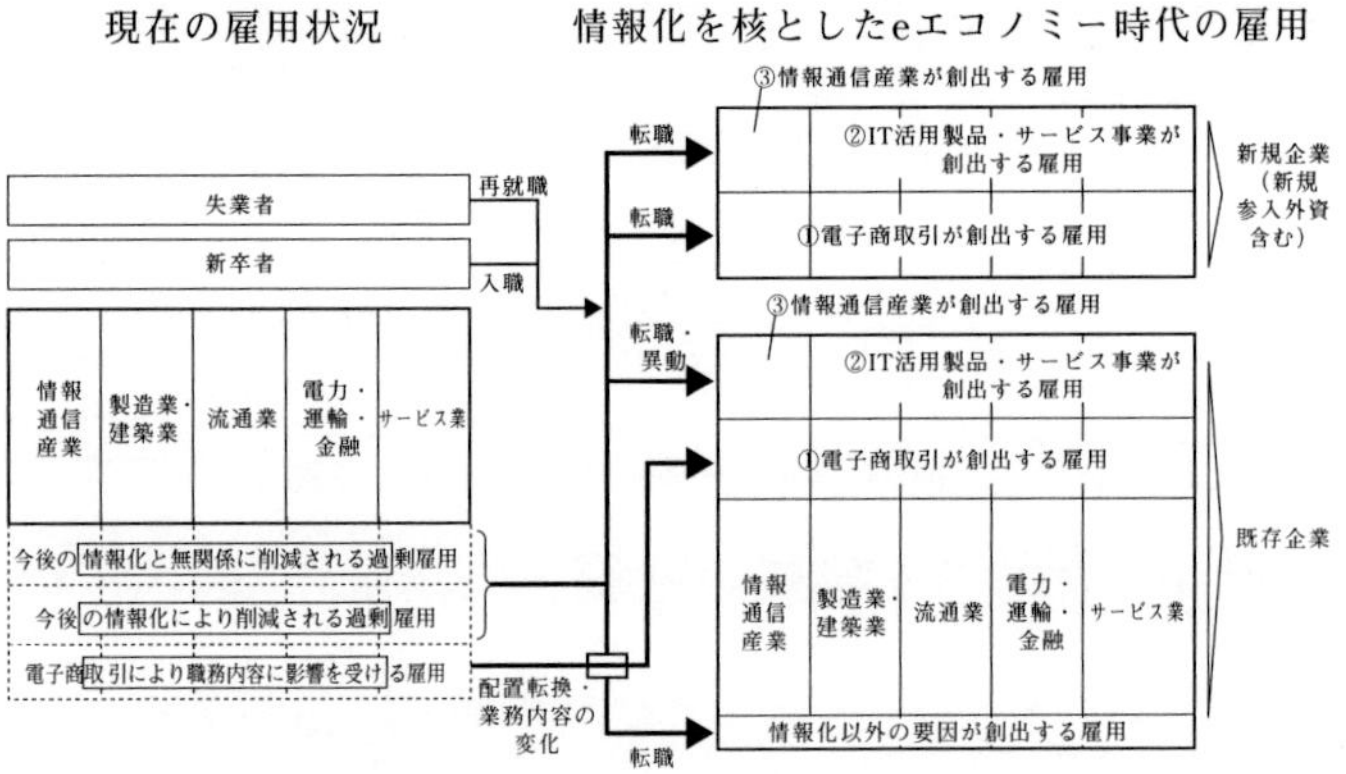

（出所）　通商産業省機械情報産業局電子政策課・アンダーセンコンサルティング「IT産業がもたらす雇用構造の変化」平成11年9月より。

今後5年間の雇用削減・創出数

今後5年間では、構造的過剰雇用271万人、電子商取引によって職務内容が変わる83万人の合計354万人の雇用が削減される可能性がある。しかし、eエコノミー・ビジネスが創出する雇用249万人に、情報化以外の要因が創出する雇用が118万人を加えれば、差引き今後5年間で13万人の雇用純増が可能となる。

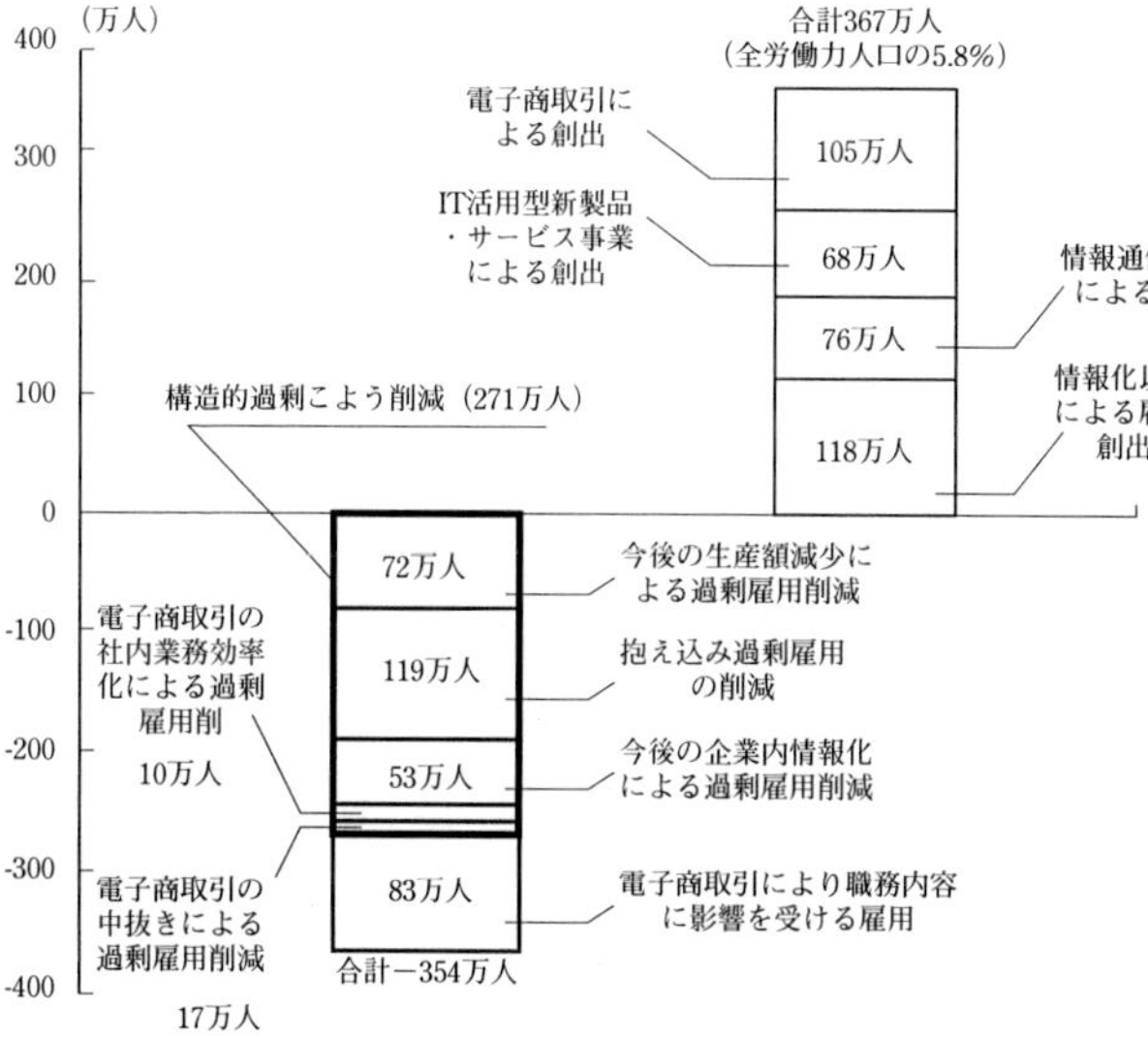

（出所）　前出。

黒川　財源については、どのようにお考えですか。

日本では毎年、貯蓄額が一〇〇兆円増えています。個人金融資産は約一四〇〇兆円に達しています。その増える一〇〇兆円の半分の五〇兆円くらいを失業者対策、中小企業対策などに使います。そうすれば日本経済は確実に上昇します。流動性の罠に陥ったときは、財政出動を少しだけやっても効きません。大きくやれば効果があります。

日本経済の生きる道は一つ。いまは財政再建など考えずに、思い切っておカネを使うことです。これは十分に担保のあるおカネです。つまり、国内で売っている国債であり、外国から借りているわけではありません。国有財産はネットで九一兆円あり、アメリカのTB（国債）も三〇〇〇億ドルくらい持っています。だから、財務省が言うほど心配する必要はありません。

財政構造改革は地方の改革から手を着けよ！

ょうか。

黒川　構造改革はタイミングが問題ということですが、どのように解決していくべきでし

構造改革には二つあります。産業構造の改革と財政構造の改革です。先にやるべきなのは産業構造の改革のほうです。これをやれば、経済成長率は実質三％程度に高まるでしょう。名目で四％成長ぐらいになれば、国債を減らしていくことができます。

財政改革については誤解があります。六六六兆円（今年度予定）の国債すべてをなくそうと考えるからおかしなことになります。（欧州通貨統合を規定する）マーストリヒト条約でも（国・地方政府の累積債務残高は）ＧＤＰの六割まではいいとか、予算の五倍まではいいと認めています。日本は予算が八〇兆円で、その五倍は四〇〇兆円。つまり、四〇〇兆円までの債務は許容できます。企業が借金して経営するのと同じで、それほどあわてることはありません。その部分の債務は凍結・棚上げします。

すると残りの債務が二六六兆円。うち半分は地方の債務です

財政構造改革のやり方は三つあります。一つは、国営企業つまり特殊法人の民営化。二つめには、市場経済化、すなわち規制緩和の実施。そして三つめが、地方の財政改革。この三つをやればいいのです。確かに、特殊法人の民営化は抵抗が強いです。私は、まず三つめの地方の改革から手を着ければいいと思います。

黒川　地方の財政改革はどうやって行いますか。

私は、この失われた十年の間に地方が蓄積した建造物を全部売りなさい、少なくとも分割しなさいと言っています。たとえば県立大学。「こんなものは売れない」と役人は言いますが、株式会社にすればいい。そうすれば東大だって売れます。教授の研究室ごとに分割して売ることもできるでしょう。そういう工夫が日本には全然ありません。石原（慎太郎）都知事はそういう感覚があるから、たいへん興味を示していました。

また、川崎市は非常に面白いことをやっています。市の中期計画事業のすべてをホームページで列挙し、仕事を肩代わりしてくれる民間業者を募っています。近いうちに住民登録証や各種証明書の発行など、引き受ける民間業者が出てきてもおかしくありません。そういう工夫をしたり、過去十年間のストックを全部売れば、たちまち地方の財政は黒字になるでしょう。そして地方交付税や補助金をなくします。外形標準課税のようなものに頼るのは間違いで、最低線でいいのです。

するとは地方は、資金がないと言い出します。これについては、郵政省（現在総務省）の貯蓄二四〇兆円を一二の郵政局で分割して、全部地方に使わせればよいのです。つまり郵貯を地方にまわす。そうすれば地方におカネが流通します。ところが、財投債を買うと言っているから困ってしまいます。

地方の財政改革をやれば、自動的に特殊法人がなくなる方向にもっていけばよいのです。特殊法人がなくなれば、規制ができなくなります。そうすれば、財政構造改革が実現できます。

黒川　最悪のシナリオというのはどういうものですか。

まず、いま平成十三年に金融に大きくガタが来たときです。平均株価が一万円以下に下がる。大手の銀行、保険会社も完全にお手上げ状態になります。アメリカから資金を仰ぐしかなくなります。アメリカは（安値で）買おうと思って待っているのですから……。ペイオフが来て国民は大騒ぎ。昭和の金融恐慌のような状態になります。そして十四年に大破局。そうなると、日本を救うのはＩＭＦ（国際通貨基金）しかなくなるということでしょうね。事実、柳沢金融担当大臣もＩＭＦの審査を受けいれることにしました。

五　緊急提言：　社会経済生産性本部

黒川　では緊急対策は何でしょうか。

森前首相が訪米した際、ブッシュ大統領から「良薬は口に苦し」のたとえのように、不良債権処理を年内に行うべしと勧告されたといいます。その通りではあるのですが、しかし森内閣に口に苦い良薬を飲む元気はなかったのです。亀井前政調会長が低迷する株価に歯止めをかけようと税制改革を提案すると、自民党税調は年内にはやらないとソッポを向くし、宮沢財務相は「日本の財政は破局的だ」といって、亀井対策の足を引っぱるし、日銀は量的緩和はできないと言い張るのだから、これでは、統一した総合対策ができなかったのは当たり前でしょう。ところが自民党の地方からの声に押されて小泉政権が生まれ、痛みを伴う構造改革を前面に打ち出しました。

いまの株式市場低迷を支えるには、株式投資に課税優遇をすることが最も効果的で、直ちに実行すべき段階にきているといえますね。

小泉政権は二つの提言、社会経済生産性本部の経済活性化委員会（加藤寛）と福祉政策委員会（丸尾直美）が行った現在の経済再生への提言を受け止めてくれました（平成十三年五月）。

世界各国をみてみると経済が好調ならば株価が上がり、株式所有の比重が増え、年金基金からの株式投資が多くなるのは当然ともいえますが、株式市場の活性化で資産価値が高まり、このことが経済を活性化した面もあることが注目されます。このことはアメリカはじめ経済が比較的好調の国に共通に言えることです。ただ主要先進国の中で一人日本だけが、金融・資産市場の自由化ともに進行したこうした動きを十分認識せずに、金融・資産市場の自由化・グローバル化だけを進めた結果、金融・資産市場の自由化・グローバル化は、日本経済を活性化するどころか停滞させる結果になったのです。

最近、アメリカでの株価下落以降、西欧諸国の株式も低下しており、景気や雇用にも後退の兆しが感じられますが、これをどう乗り切れるかが問題となっています。経済活性化に成功した国もいつかは破綻するから、それらの国の政策の真似をするのはいかがなものかとの反論が出るでしょうが、景気変動はどんな時においてもある程度、不可避です。順調な経済成長を十年近く続けることと、十年ほど停滞を続けることの違いは大きいのです。景気活性化の政策について謙虚に学び、景気後退時の軟着陸の政策についても注意して見守り、その対策からもこの際、学ぶという姿勢が必要でしょう。

一九八〇年代まで経済停滞に悩まされがちであった欧米先進工業諸国は、一九九〇年代とくにその後半には日本とは対照的に順調に経済成長を続けました。アメリカの成功は新古典派的な規制緩和と市場化とそのことに誘発されたIT革命のためだとみなされています。しかし、一九九〇年代に経済が活性化したのはアメリカだけではありません。第三の道とも呼ぶべき政策路線をとったスウェーデン、オランダ、ドイツ、イギリス、フィンランドなどの政策にも注目すべきでしょう。

黒川　オランダは労働市場の弾力化で経済を活性化させたといえるのですか。

オランダの第三の道ポルダー・モデルは労働市場の自由化・伸縮化を特徴とする点で、かつてA・C・ピグーが主張した新古典派のもう一つの不況対策に通じます。ポルダー(polder)とは開拓地とか新開地の意味であり、その新路線を第三の道と呼ぶこともあります。オランダの経済改革の本質的ポイントは、①労働側に有利な改革と市場の弾力化に必要で経営側には有利だが労働側に不利な政策とをパッケージにして導入して実行したことです。すなわちフルタイム労働とパートタイム労働との時間当たり賃金や社会保障の差をなくし、常勤労働者の労働時間を四十時間から三十六時間へ短縮し、公務員などでは週休三日制も導入等と労働者に有利な政策と、職安の民営化、派遣事業の許可制廃止、解雇予告期間の短縮等、労働市場の弾力化に役立ち経営側の望む政策とをパッケージにして社会契約的合意に達して、実行した点にあります。

もう一つは、労働市場と福祉政策を連携させ、イギリスのブレア政権が提唱したwelfare to workをイギリス以上に強力に推進したことです。この二つの政策により労働市場が活性化し、失業も減り、経済も活性化しました。

これら二つの政策は、①パート労働者の社会保険加入を促し、②社会保障給付受給者の一部を社会保障の費用負担者に転換するという点において、社会保障財政の改善にも寄与することになったのです。

黒川　スウェーデンも公的資金の金融機関への投入で金融危機を救ったといえますか。

スウェーデンの不況対策は、金融不安解消のため大規模な公的資金投入を投入した資産政策とも言える政策でした。スウェーデンも日本と同じころの一九八九〜一九九〇年に経済バブルが崩壊して、三年続きのマイナス成長を記録し、財政赤字も大きくなりました。

この危機を救うために。政府は一九九三年に、当時のGDP（国民総生産）の四・六六％に達する膨大な公的資金を危機に瀕していた金融機関に投入して二つの銀行を国有化し、不良債権購入・処理のための公的機関をも設立してできるだけ有利な条件で不良債権を処理（販売）しました。その結果、為替レートの引き下げなどの効果とあいまって一九九五年以降、株式市場も経済も活性化し、公的資金の大部分は政府に返済されたので税金の無駄遣いどころか景気を建て直し二〇〇〇年には財政赤字から脱却することを可能にしました。個人の株式直接投資あるいは年金とミューチュアル・ファンドを通じての株式所有も急増し、「スウェーデンの成人人口の半分はミューチュアル・ファンドに貯蓄している」といわれます。そしてそのミューチュアル・ファンドの貯蓄の六五～七〇％は株式所有であるといいます。スウェーデンの経験は金融危機に際して、金融機関への公的資金のタイミング良い投入が金融危機克服と経済活性化に有効であることを示唆しています。

黒川　ドイツは勤労者資産を株式市場に誘導したのですね。

ドイツの金融・資産市場は日本と似ており、企業間の株式持ち合いが多く、銀行を通ずる企業への間接金融が多かったのです。しかし、ドイツでは急激な金融・資産市場の自由化を避け、段階的に自由化していったのです。企業間の株式持ち合いは減少していきましたが、ミューチュアル・ファンドによる株式所有などが進行しました。その結果、金融・資産市場自由化のショックをそれほど受けることなく、資産の流れを変えることができたのです。結果的に金融市場の構造改革が行われました。とくに一九九〇年代後半には株式市場が著しく進展しました。株式所有を労働インセンティブとして用いる企業も増えました。年金基金を通じての株式所有と個人世帯による株及び基金による株式所有は一九九一年の二〇四〇億マルクから一九九九年には一兆二五七〇億マルクに増加しました。より多くの労働者が株式を所有し資本参加することにより、個人の株式所有・資本参加に基礎を置く経済構造を確立すると、政府（当時西ドイツ）は経済年次報告（一九八三年）で述べている通り、勤労者株式所有の助成はドイツの特徴的な政策ですが、一九九〇年代後半にはその方針をますます重視して労働者が、株式を取得する時の補助金や税制上の優遇を拡大しています。ドイツの経験は公的資金の金融・資産市場への投入でなく、勤労者資産の流れを株式市場へ向ける勤労者株式所有助成政策が、株式市場の活性化に有益であることを示唆しています。

黒川　そうすると年金資産を株式市場へ誘導をした方がいいということですね。

市場化時代には、個人金融資産に加えて年金制度の積立金も間接金融方式から株式所有と投資信託中心のより直接金融方式へと資産市場は構造的変化を遂げます。その結果、個人金融資産と年金資産からの株式投資が増えて株式市場が活性化します。アメリカの場合もスウェーデンの場合も株式市場が活性化し、平均株価がピーク時には一九九〇年の四、五倍になりましたが、この現象の一因は企業年金資産がミューチュアル・ファンドへの投資を通じて株式需要が増えたからだと見られています。アメリカの場合、企業年金信託基金は一九八〇年代から急増しており、その中でも株式（equity）投資の増加は顕著であり、一九九〇年の五六二〇億ドル（企業行年金基金の三四・三％）から一九九九年には二一四七〇ドル（五〇・六％）に達しています。

これは結果であって、こうした効果を重視するのは本末転倒だという論がありますが、間接金融から直接金融へ移行することは、金融・資産市場の構造改革です。市場重視の自己選択と自己責任時代の金融方式への転換としてその意義と効果を重視すべきです。日本はこの点でも市場化時代への適応に遅れており、個人金融資産約一四〇〇兆円のうち株式所有の比率は平成十二年度で六・一%、投資信託は二・四%であり、増加傾向にあるとはいえその比率は先進工業国としては非常に低い。資産市場を自由化しても護送船団方式の金融・資産運用に馴染んできた日本の一般勤労者は、自由化された金融・資産市場では、他の先進工業国の場合以上に、情報弱者であり、リスクをおかして有利な市場に進んで資産を回すことは期待できません。株式投資や信託投資に馴染みやすいような制度をつくり、株式への直接間接の投資のリスクを緩和しながら勤労者の株式所有を推進することが、資産市場活性化と経済活性化に不可欠な一つの道でしょう。

黒川　金融・資産市場の自由化には勤労者資産所有助成が必要ですね。

年金改革はこれを行うチャンスです。401k型に加えて自社株購入とレバリッジ(従業員の株式購入に資金を貸与する方式)を特徴とするESOP(従業員株式所有プラン)も導入すべきです。確定拠出年金の使用者のマッチング部分(勤労者の拠出金に見合って経営側が負担する拠出金)を、従業員の合意の下に、自社株拠出で行う方式も考えられます。ストック・オプション制度も経営担当者だけにでなく、原則としてパート労働者をも含む全従業員に適用するようにするくらいの方針(イギリスではストック・オプション制度を一般従業員にまで拡大している）で拡大適用すべきでしょう。

市場経済化が進み、特に資産市場の自由市場化が進むと、資産所有が拡大します。アメリカではすでに一九九五年に上位一％の世帯の所有する純資産価値は全世帯の所有する純資産三五・八％を占めており、金融資産の四七・二％を占めています。特に一九九二年以降のバブル期に不平等がより顕著です。一九九〇年代のバブル経済のもとで、二〇〇〇年のニューヨークの平均株価（ダウ＝ジョーンズ平均株価）が一九九〇年の約四倍になっています。その間、勤労者の平均賃金（週平均賃金）は名目値でも一九九〇年の四四一・八六ドルから二〇〇〇年の五八〇・〇五ドルと一・四一倍しか上昇していません。ということは、株を所有していない人は、相対的に貧しくなることを意味します。ただこの一九九〇年代のアメリカは、右肩上がり経済の時代であり、大部分の人が成長の恩恵にあずかることができました。資産所有の不平等化の進行を緩和させることに役立っている要因として注目されるのが中産階級の直接・間接の株式所有の増加です。「中産階級家族が一九八〇年代と九〇年代に株式やミューチュアル・ファンドを購入する性向が高まったことがその期間の富の分配に影響したと思われます。そしておそらく数十年間にわたって、富の蓄積と分配に影響しつづけるであろう」「中産階級の株式投資を助成するプランは貯蓄を増加させ、富の分配を改善するであろう」（Lisa Keister）ことを示唆しています。

黒川　確定拠出年金の積極的導入はいいのですが、難しいという問題がありますね。

このような意味で、勤労者資産所有助成は、従来の資産階級と勤労者間の資産格差の拡大傾向を緩和させるのには役立つが、企業年金制度は、公的年金のような普遍性がなく、所得水準の相対的に高い勤労者により多く利用されます。しかも使用者側のマッチング（従業員の拠出に対応する拠出）は一層、資産格差を拡大します。したがって勤労者全般と従来からの資産階層との資産格差の拡大を緩和するには役立つとしても勤労者間の資産格差をかえって拡大させる恐れがあります。これが企業年金の第一の問題点でしょう。それでも確定拠出年金はポータブルでもあり、比較的中小企業の従業員にも普及させやすいので、やり方次第では勤労者間の資産格差の緩和にも役立ちうるでしょう。アメリカでもこの問題に対処するために、また反差別テスト・プランが設けられており、それをクリアしない場合、使用者は低賃金従業員への使用者のマッチングを増額するか、高賃金従業員へのマッチングを減額しなければならないことになっています。また使用者は高賃金従業員がＩＲＡ（個人退職勘定）やＳＥＰ（簡易従業員年金）を設置して、転職しやすい勤労者や小企業やパートの勤労者でも、簡易に加入できる制度を作っており、この制度の場合には加入等の手続きが小企業でもやりやすくなっており、この制度では反差別テストは免除されます。

確定拠出年金の第二の問題はリスクの問題です。ある程度のリスク負担は市場化を受入た以上やむをえないが、勤労者は金融市場とくに株式市場では情報弱者です。その上、所得の多い資産家階級に比べるとリスク回避的です。また、これまでの日本人は護送船団社会に慣れており、自己・自己選択・自己責任に慣れていないので、確定拠出年金の導入には公的支援が必要です。さらに、自己選択・自己責任の確定拠出年金は、より基礎的で安全な公的年金の上に構築することが必要でしょう。現在、確定給付企業年金を持つ企業は確定拠出年金を併設するか、確定拠出年金に移行する場合には、ハイブリッド型の年金にすることが好ましい。また企業年金と年金資産市場が自由化され、被用者の自己選択に委ねられると、資産運用に馴染んでいる一部の被用者を別とすれば、被用者は概して情報弱者であり、リスク回避型であるから、安心して株式投資や信託投資ができるような公的支援が必要です。選択する運用先についての情報の公開、被用者の学習機会の拡大（現在、日本のファイナンシャル・プランナー[*13]（FP）は十万人を超えています）、選択した確定拠出年金の積立金が破産した場合の一定額の保証をする公的機関の設置、確定年金拠出年金への税制上の優遇、等が必要な支援です。

＊13　**ファイナンシャル・プランナー**（financial planner）　主に個人資産の運用についてアドバイスする一種のコンサルタント。株式、債権、不動産などの投資利回りやその税金対策についての専門知識を持ち、最も有利な資産運用法を考えるのを主な仕事にしている。

第三に、市場化が進み、企業年金のポータビリティも高まれば、従業員の企業意識は薄れるので、これまでの日本的経営のやり方で従業員に企業意識を持たせることは困難になります。それゆえストック・オプション制度、主として自社株を所有する企業年金であるESOP（従業員株式所有プラン）等で自社株を所有させてステークホルダー意識を持たせることが必要になります。年功賃金・年功昇進、終身雇用によって会社に帰属意識を持たせることは、確定年金制度を導入しなくても希薄になるので、ESOP、ストック・オプション制度等の導入でステークホルダー意識を涵養することがむしろ必要でしょう。

第四に、自己で選択するといっても被用者の多くは資産市場に関しては情報弱者であり、リスク回避的です。アメリカの場合も、運用が個人の選択に委ねられる確定拠出年金の方がかえって収益性の低い、安全な運用が選択されているという。確定拠出年金制度がうまく機能するためには、勤労者に資産市場と資産選択を合理的に選べるような学習の機会と金融情報の公開が大切です。

最後に、日本の確定拠出年金案をみて感ずることは、制度の導入の規模と政府支援が控えめだという点です。本人拠出上限が平成十二年現在で一万五〇〇（約一三〇万円）ドルというアメリカに対して、日本の確定拠出額の上限は年間一八万円という。かつての勤労者財産形成促進制度導入のときも政府は「小さく生んで大きく育てる」ということでしたが、大きく育ちませんでした。企業年金を公的年金制度の補完、勤労者資産形成と資産格差是正、勤労者資金の投入による株式市場の活性化、ステークホルダー意識の高揚に役立てようとの意図があるならば、目的を明確にして拠出限度額も税制上の優遇も思い切った政策手段をとるべきでしょう（助成額は一旦決めれば変更できないわけではない。経済情勢によって若干の変更があることをルール化しておけばよい）。そのような確たる政策的意図と積極姿勢で確定拠出年金をできる限り速やかに導入すべきです。

公私の年金が勤労者の資産として認識されるようになり、公私の年金全体として「老後の生活はこれで安心」という安心感が国民に広まれば、萎縮している国民の消費も拡大し、景気回復を促すことになるでしょう。

六　政治にリーダーシップはあるか

黒川　では、この提言を実行する力がいまの政府にあるでしょうか。

小泉内閣が登場するまで私は外圧に頼るしかないと考えていました。いま日本では、政府と自民党という二重支配の構造による弊害が顕著です。なぜ自民党が政府の方針に異を唱えるのか。それは背後に官僚がいるからでしょう。経済戦略会議や産業競争力会議などの提言を受けて、政府が改革を実行しようとしても、官僚が異を唱え、族議員がこれに同調し反対する。このため「政治主導」「政治のリーダーシップ」が発揮できず、危機や改革の必要性を意識していながら、結果として何もできない状況に陥ってしまうのです。バブル崩壊後の一九九〇年代が「失われた十年」となったのもこのためです。

「官の弊害」については、いまさら言うまでもありませんが、現在の不況を生み出した直接の原因についても、私は官の無責任にあるとみています。この不況を生んだ原因は消費税を三%から五%に引き上げたからだという人が多いようですが、それは間違いです。消費税を五%に上げた直後の四月、五月は確かに消費は落ち込みましたが、六月、七月、八月の消費は逆に伸びています。直接の要因は社会保険料の引き上げでしょう。消費税を上げるときに、私たち税調のメンバーは厚生省の役人を呼んで、消費税引き上げで税収が増える分を福祉に回すから、社会保険料の引き上げはしないでほしいと念を押したのです。ところが、厚生省の役人たちは「わかりました」と約束したにもかかわらず、それを反故にして引き上げを行ってしまいました。その結果、消費は一気に冷え込んでしまい、さらには山一ショック、拓銀ショックがこれに追い打ちをかけました。官僚による省益追求の結果、国民全体が不利益を被った典型的な例です。

このことが象徴しているように、官僚は自分たちの利益に対しては、信じられないくらい懸命に働きます。しかし、それが国民全体の利益になるかどうかまで考えることはしないのです。すべての思考が縦割りなのです。そして、この官僚たちの権限を縮小しよう、あるいは政治主導のシステムをつくろうとすると、彼らは族議員たちを巻き込み、必死になって自分たちの権益を守ろうとします。

その結果、いま日本では、内閣の意思・方針が、官僚、族議員の抵抗にあって実行できないという、まさに二重支配の弊害に陥ってしまっています。日本の危機の本質はすべてここにあるといってもよいのです。

では、危機を脱するために何をなすべきでしょうか。「改革」を断行して官の権限を縮小し、真の「政治主導体制」をつくることが急務でしょう。そのうえで、財政再建、少子化・高齢化対策に急ぎ取り組む必要があります。

かつて公務員の一律給与カットや国鉄の民営化に成功した土光臨調での経験から、私は「改革」を成功に導くためには、二つのポイントがあるとみています。

まず第一に、明確な攻撃目標を定めることです。「改革」を唱えれば、必ずそれに反対する者が出てきます。その反対者は誰かということを念頭において、それをつぶしていかないかぎり改革は成功しません。これだけは必ず倒すという「敵」を見定めることです。

サッチャーが首相に就任したとき、イギリスは本当に危機的状況でした。インフレ率は二〇%に達し、外貨準備は底をついていました。サッチャーの前のヒース首相は、自己改革を断念してIMFに助けてもらおうかと本気で考えていました。それくらい追い込まれた状況の中で彼女は、改革のためには、労働組合の甘えを徹底的に正すほかないと考えたのです。財政を逼迫させていた福祉重視の国家政策を大転換させるために、彼らをスケープゴートにすることの意味は大きかったと思います。

また、これと時期を同じくして大統領に就任したアメリカのレーガンも、まず最初に航空管制官のストをターゲットにし、これまで福祉という名のもとに野放しになっていた組合活動を徹底的に抑制しました。その結果、アメリカではストライキが激減し、企業の生産性が飛躍的に伸びました。おかげで税収も増え、いまでは財政は黒字に転換しています。同じように土光臨調においても、国鉄、電電公社の民営化を図り、労働組合を抑え込むことにある程度の成果をあげました。しかし残念なことに、日本の組合正常化は中途半端で終わってしまったのです。ＮＴＴの分割ができなかったからです。その結果、二万人といわれる過剰労働力が削減できず、そのまま残ってしまいました。このときアメリカと同じような徹底した「改革」を行っていれば、バブル崩壊後に過剰雇用でこんなに苦しむことはなかったのではないでしょうか。失業者を出さないために接続料金を高くしていたのです。

次に第二のポイントとして、改革には「強いリーダーシップ」が必要です。いま述べたように、「改革」には必ず反対者がいます。彼らとの戦いを勝ち抜いていくためには、強い意思はもちろんのこと、次の三つの資質を備えているリーダーの存在が絶対に必要である。三つの資質とは、強い国家意識を持っていること、責任感があること、そして国際感覚を備えていることです。

土光臨調のときには、財界にきわめて優秀なリーダーたちが多く存在しました。土光敏夫さんはもちろん、瀬島龍三さん、亀井正夫さん、牛尾治朗さんなど得難い人材が多かった。彼らは、企業経営を通して海外と真剣に戦っていたため、国家意識や国際感覚を十分に備えていました。本当にすばらしいリーダーたちでした。

黒川　いま日本にそんなリーダーがいますかね。

残念ながらいまの日本では、土光臨調のときのような財界からのリーダーシップは期待できません。バブル崩壊ですっかり体力を奪われたいまの財界には、土光臨調のときのような体力は残っていないからです。さらには、土光臨調のときには、悪いのは官僚で、財界は官僚批判さえしていればよかったのです。しかし今度の「改革」は、経済界自身が本当のリストラを断行し、自分自身をも変えなければならない。したがって、自分自身の首を絞めることになるかもしれない改革などしてほしくない、というのが正直なところでしょう。

まして、政治家に期待することもできませんでした。平成八年に橋本首相が六大改革を掲げ、行革を試みたことは記憶に新しいのですが、結果は無残なものでした。省庁再編により姿形はスリムになったようにみえなくもありませんが、官の権限はほとんど温存されたままであり、「改革」はいっこうに進んでいません。行革に際して、私は橋本首相に「正攻法では失敗する。自分の城を守らせたら、官僚ほど手強い相手はない」と何度も忠告しました。にもかかわらず彼は、理詰めで官僚を説き伏せようとし、失敗しました。むしろ橋本首相を官僚は虜にし、その力を利用しようとしました。土光臨調のときもそうでしたが、官僚を打破するためには奇襲しかありません。事前に情報を一切漏らさず、一点突破するしか方法はないのです。八〇年代に成功した一律給与カットも奇襲でした。

しかし、いまや官僚たちの警戒感は相当なものがあります。防御体制を整えてしまった官僚たちを打破することは、ほとんど不可能です。

では、国民が本気になって「改革」を望んだ場合はどうでしょう。よく「改革」が進まないのは国民が本当に改革を望んでいないからだ、という意見を耳にしました。しかし今回の小泉総理誕生とその後の人気を見ていると、多くの国民は「改革」を望んでいて、後の世代に負の遺産を残してはいけないと考えているのは明らかです。そういう意味で、国民のほうがきわめて健全です。ただ、その健全な国民の意思が政治に反映されにくいのです。

これには理由があります。日本では、国民の意思を政治に反映させる健全なシステムが存在しないのです。たとえば一票当たり四・九二倍の格差があっても選挙が認められてしまう。その結果、都市部の住民を中心に国民の多数が「改革」を望んでも、議席数では改革反対派が多数となり、何もできません。こんなバカな国はどこにもありません。司法改革が叫ばれていますが、司法が機能していないのも問題です。このままでは、国民全体が一部の権力者たちの巻き添えにされるという悲しい結末は避けられないでしょう。

さらに、いま日本では、国民の意に反してますます社会主義化が進んでいます。官僚をはじめ、権力者の多くがそれを望んでいるからです。ケインズが『一般理論』の中で、「公定歩合を二％以下にするバカな国はない。こんなことをすれば金融機関はすべて国営銀行になってしまう」と言っていますが、日本はそのバカなことをもう何年も続けているのです。

私は、日本では小泉登場まで自己改革はできないと思っていました。私自身は決して虚無主義者ではありませんが、さまざまな状況をみるにつけ、もう諦めざるをえないのです。

黒川　ということは日本の改革はＩＭＦに任せるしかないのですか。

もう日本には時間がない。タイムリミットは二〇〇五年だと私は思っています。なぜ二〇〇五年かというと、二〇〇七年を境に日本の人口が減少に転じるからです。二〇〇五年までに、日本は財政再建や高齢化対策にめどをつけ、回復への足場をしっかり固めなければなりません。日本人の多くは、人口が減少することの意味がよく理解できていないようですが、大変な転機であると認識すべきです。歴史的にみてもエジプト、ローマなど、みな人口が減少に転じ、国力が奪われ衰退しています。このころ、債務超過国に陥ります。

タイムリミットまで間もない日本に残された唯一の道は、IMFにその身を委ねることです。既得権益や自己保身など過去のしがらみにとらわれず、抜本的な「改革」を断行できるのは、IMFのほかないでしょう。もう一度かつてGHQが行ったように、すべてを壊してゼロからの国づくりを行うのです。屈辱的かもしれないが、韓国の例もあるように二～三年辛抱すれば経済は必ずよくなります。

ブッシュ大統領の経済ブレーンといわれているD・アッシャーが書いた日本経済再建計画が『ビジネス・ウィーク』誌に載っていて、非常に興味深く読ませてもらいました。その彼が言うには、IMFが用意した経済再建のシナリオを実行するのに、日本ほど適した国はないという。日本の教育水準は非常に高いし、倫理・秩序の面でも他の国に抜きんでて優れている。少々のことでは暴動など決して起こらないだろうというのです。

もう日本人自身の手で「改革」はできません。たとえるなら、官僚は大坂城のような強固な城に閉じこもってしまったようなものです。それを打破するためには、家康がそうしたように、外堀を埋め裸城にして落とすしか方法はありません。外堀とは、官僚たちの利権の温床たる公団や特殊法人です。しかし、その外堀を埋めようとした橋本行革は、無残にも失敗に終わってしまいました。小泉政権は聖域なしと言っていますが、道路公団や郵貯をはじめ、数多くの公団や特殊法人の改革はいまも手つかずのままです。

事態がここまで至っては、もはや一点突破ともいうべき外圧の力に頼るのも一案です。日産や三菱自動車がそうするように、過去にとらわれ自己改革ができないのであれば、なんらしがらみを持たない外国の力を借りるよりほかありません。

司馬遼太郎が「美しき国」と称えた日本は、無責任体質のモラル・ハザード社会になってしまいました。国民の多くが「痛み」を嫌い、不合理と闘うことを嫌がる「甘えの構造」が蔓延してしまいました。さらには、自分の食い扶持ぐらいは自分で稼ぐという最低限度のモラルすらもこの国は失ってしまったようです。公共事業にぶら下がろうとする建設業者はその典型です。さらには、事なかれ主義の官僚、自己保身に奔走する政治家、商業主義にとらわれ正しい主張ができないマスコミなど、状況をみればみるほど日本人自身による改革は絶望的だと思わざるをえません。

日本の危機脱出にはＩＭＦに頼るしかないというのは、日本の改革がいつも外圧によって行われてきたことを否定することができないからです。ＩＭＦに期待されるのは、外圧に「葵御紋」の役割を期待することです。

住専問題に端を発したバブル崩壊がアジア諸国そして韓国に波及したとき、韓国の金大中政権はＩＭＦの資金を導入しながら、財閥解体、労組抑え込み、行政改革を断行しました。ウォンの国際的信用回復には、ＩＭＦ独裁が必要だったのです。ＩＭＦは「韓国の危機の源は巨大財閥の非合理的システムにある」と断定しました。財閥側は「危機の源は製造業ではなく金融業だ」と反対しましたが、ＩＭＦを世論は支持しました。財閥は政府の許認可事業と補助金に頼っている政・官・財癒着であることを国民は知っていたからです。こうした場合、国内の改革努力をバックアップするためにＩＭＦの「御紋」は有効であったのです。

特殊法人を通じて拡大している非効率な公共事業、その原資となる郵貯による財投にメスを入れ、社会保障、地方交付税の改革が日本の危機を突破する道である以上、そのためにはＩＭＦの「御紋」が要るのです。

黒川　まさに二十一世紀維新ということですね。小泉総理はうまくやってくれるでしょうか。

明治に生きた人々の伝記を読むと、鎖国が解け、国際化の波に晒された当時の人々の精神的混乱、苦悩がよくわかります。たとえば福沢諭吉は、明治維新時に書いた著書にこう書いています。「いまの戦争は帝国主義戦争であり、領土の拡張戦争である。日本はその戦争に最後に登場した国で、西欧列強の中で国を守るには、国力がなければ成り立たない。国力とは、すなわち個人の力である」と。そこで福沢諭吉は、個人が主体の自由資本主義を唱えました。福沢の考えた資本主義は、真の資本主義です。個人が自立しないかぎり、国の独立は保証されない。彼の言葉に「国を立つるは公にあらず。私なり」とあります。国を守ることは政府や官僚のやることではなく、国民が自立することだという主張です。

それに対して、個人主義を極端に推し進めるのは危険だと考えた伊藤博文は、福沢諭吉を抑えにかかりました。それが明治十四年の政変です。福沢諭吉と大隈重信はイギリスをモデル国としてイギリス憲法を主張しましたが、伊藤博文らはドイツ（プロシア）憲法を主張し、激しい論争の結果、大隈は政界から撤退を余儀なくされ、福沢も身を引くことになりました。こうして明治政府ができた結果、中途半端に壊されたのが天皇制です。イギリスのように、名誉革命（無血革命）で国王ジェームズ二世を追放しながらも、王室を大事な制度として残したのとは逆のことが起こってしまいました。伊藤博文がモデルとしたドイツでは、国民による名誉革命はなかったからです。

福沢諭吉的な自由主義の主張が斥けられ、明治維新による革命が不徹底に終わった結果、日本ではいまだに武士、農業、工業、商業の士農工商が温存されています。武士は現在でいう官僚です。明治時代は政治家と官僚が手を結んで「知らしむべからず由らしむべし」で情報を隠しつづけ、情報格差によって士農工商の政治体制が維持されました。現在も、かつての武士（士）が官僚となり、日本にわずかに残った「知らしむべからず」を守っているので、産業界で大変革が起きず、細川護煕氏のように、昔の殿様が首相になってしまう。金融の世界でも、ビッグバンといわれながら不良債権問題が改善しないのは、官僚が護送船団方式によって金融機関を保護しているからです。日本の体質は、昭和初期の金融恐慌、バブル景気と平成不況を経験しながら、何も変わらなかったのです。だがこれからの百年間、日本は明治時代の中途半端な士農工商を温存させてはいけません。

士農工商の弊害として、まず日本の官庁統計のほとんどにはあいまいさが混ざっています。そのため、改革の前提である現状認識すらもできません。外国人からGDPの数字の計算がおかしいと指摘されて修正したことがあったほどで、いかに国民が官僚にミスリードされているかがわかります。

経済学者のケインズは、一九三六年の著書『雇用・利子及び貨幣の一般理論』の中で、「景気が悪くなったら公定歩合を下げて公共事業と社会保障を増やせばいいといわれるが、それは短期的政策であって、構造変化が起こっているときには成功しない。結果として金融機関はすべて国有化されてしまうだろう。これは国営金融社会主義であり、私はそのような社会主義に反対する」と述べました。しかし日本は、ケインズが否定したとおりの社会主義になっています。つまり日本には民主主義、資本主義がなく、自由主義、個人主義もないのです。

これからの百年、日本人は明治維新で不十分だった革命を完遂しなければなりません。リスクは個人の責任であり、パラサイトシングルを脱して、自分のお金は自分で稼ぐ。パソコンも必要があれば自分で操作する。これぐらいできなければ、日本はたいへんなことになります。

その前兆は、二〇〇七年に始まるでしょう。現在一億二千万人の人口は、二〇〇八年から一万人減る。最初はその程度だが、いまから五十年後の二〇五〇年には九千万人に減り、同じペースでいけば、二一〇〇年、日本の人口は六千万人になるといわれています。つまり単純に考えて、日本の生産性が上がらないかぎり、百年後の日本は、六千万人の外国人を必要とするということです。そんな国は、もはやこれまでの日本とは呼べません。日本に国を支えようという気概ある若者が現れず、少子化で人口が減っていくとすれば、誰が日本を守るのか。韓国や中国の人々が「日本を守る」などとはけっして言わないでしょう。

人口大減少が始まる二〇〇七年までに、日本は生産力を回復しなければなりません。現在はＩＴ革命ブームで、ＩＴ投資さえやれば生産性が上がると言われています。ｉモードやＴＲＯＮのような技術があるから大丈夫という人も多い。しかし、世界各国はいままさにｉモードやＴＲＯＮを叩きつぶす方向に動いているようです。

ＩＴ戦略会議は、二〇〇五年までに光ファイバーを全国の津々浦々に敷設すると言いました。現在の光ファイバー通信の容量とスピードが一千倍ぐらいになるが、それができるまでの通信インフラはどうするのか。ヨーロッパは対策としてＤＳＬ（デジタル加入者回線）を始め、一般の電話線に現在の百倍の双方向通信データを流せる仕組みをつくりました。日本のＤＳＬ加入件数は現在約二千件ですが、韓国は約三百万件です。ＤＳＬが普及しなかったのはＮＴＴがＩＳＤＮにこだわっていたからです。ＩＳＤＮとＤＳＬはハレーションを起こすので、同時に使えない。したがって、ＮＴＴがＩＳＤＮを完全に放棄しないかぎり、日本のＤＳＬ件数は増えないのです。

税制にも問題は多い。いまは大企業の時代ではない。小さな企業でも自力で運営できるよう、競争力を高めなければいけません。アメリカでは、企業が大きくなると必ず分割するが、日本は強硬に反対します。さらに驚いたことに、日本には企業分割に関する法律がありません。政府税制調査会の会長を務めていたときに、分割したときの税制が高いというから調べたら、なんと税制自体がなかったのです。

次に教育。国立・公立・私立に分けているのが問題で、学校はすべて私学でいいのです。そして、ゆとりのある教育は、教育ではありえない。教育はそれこそ生涯教育です。だがその一方で、基礎学力が落ちたというものも誤解です。いまの先生は「君たちは基礎的な知識を知らない」と言うが、その先生はおそらく若いころに同じことを言われたことでしょう。昔の人は森鷗外の「鷗」の字を四種類に区別して書きました。いまそれを書ける人がいないからといって、日本人の基礎学力が落ちたことにはなりません。漢字は読めること、英語は話せることが基本です。

黒川　血を流さない戦争が本格化すると先生は言われていますね。

これからの百年は、血を流さない戦争が本格化します。第一に述べた改革の不徹底とともに、政府のインフラ整備が遅れているためです。しかし、逆転の可能性もある。一つはグローバル・スタンダードとしてのＴＲＯＮです。松下電器はすでにＴＲＯＮを家電に組み込みはじめたと言いますが、情報家電が世界に普及すれば、世界競争に勝てるかもしれません。

第二の戦争はエネルギー戦争です。中国の石油消費量は日本と同程度になりました。五年後には日本の二倍になるという。すると中国は石油が足りなくなる。マラッカ海峡から台湾海峡を通って日本に石油を運ぶことを、中東や中国が認めるでしょうか。

第三の戦争はＤＮＡ戦争です。百年単位のスパンで見た際、これからはＩＴ時代ではなくＢＴ（バイオテクノロジー）の時代です。日本ではいまようやくＩＴの重要性が叫ばれていますが、ＤＮＡ開発でアメリカと挽回不可能な差がついています。さらに、ヒトゲノムの解読特許権をアメリカに取られたら、日本のバイオはアメリカに牛耳られてしまうでしょう。

これら三つの戦争に対する日本百年の大計とは何か。第一にＩＴ戦略として、ＮＴＴを早期完全分割することです。第二のエネルギー対策では、サハリンから天然ガスを輸入することです。その際に二つ有利な点があります。まず、北方領土返還を交渉の引き換え条件にできることです。北方領土を二島のみ返還させ、残りは共同統治するといった戦略も必要でしょう。パイプライン（継ぎ目なしのパイプライン）をつくる技術は、日本にしかありません。これをロシアに提供し、交換条件として日本に天然ガスを入れる。日本ではすでに東京ガスや中部ガスが、福井県や新潟県からの天然ガスを使っていますから、いつでも供給できる体制にあります。ロシアが味方になれば、北朝鮮に拉致された日本人奪還に協力してもらうこともできます。北朝鮮は中国と結んでいるから、もはやロシアだけが頼りです。ロシアが動けば北朝鮮はいうことを聞くのに、日本はそれをせずにアメリカに頼んでいる。第三のDNA戦略では、ヨーロッパと手を結んでアメリカに独占権を与えないことです。

もしこれらの戦争に敗北すれば、百年後の地球に、日本という国は姿を消し、世界中にばらばらになった日本人が生きることになるかもしれません。

だがいまの国会中継を見ていると、この危機を本気で懸念している政治家がいるとは思えません。小泉内閣にやっとその兆しが出てきたように思います。

小泉内閣の支持率が高い中で、首相の所信表明演説が始まりました。マスコミの報道は比較的好意的で、「所信はわかった」「頑張れ小泉内閣」という見出しが目についたのですが、もちろん「中味がない」「道筋を示していない」「聖域なき行革が断行できるか、身内の抵抗必至」といった評価が一般的なようです。

しかし、それは出発したばかりの内閣では無理な要求です。それよりも、構造改革という言葉が一人歩きしないように、早くその中味をつめた方がいい。多くの場合は「構造改革なくして景気回復なし」という首相の主張に賛意を示しているのですが、いまのところ「不良債権処理」が目立っていて、構造改革と景気回復がつながっていません。

不良債権処理をすれば、本当に景気は回復するのでしょうか。小泉首相は、「そのためマイナス成長になっても仕方がない」というニュアンスの発言をしていますが、これでは構造改革が景気回復につながらないことになります。〝二兎（景気と構造改革）を追わざれば一兎をも得ず〟という意味を十分に理解しているとはいえないのではないでしょうか。アメリカが不良債権処理を断行してバブル崩壊を救ったと指摘する評論家が多いですがアメリカのS&L（貯蓄貸付銀行）の処分断行が成功したのは、それらがアメリカの数%のウエイトしかなかったからです。だから経営者を犯罪者として処分できました。しかし日本は間接金融の国ですから、産業のかなりの部分に不良債権の膿が浸透していて、部分摘出の手術ができにくい状況にあります。

その差異も考えずに、ただひたすら不良債権処理断行に期待するのはいかがなものでしょうか。大切なのは、不良債権処理という手術ではなく、間接金融という日本の金融構造を変えることです。これが構造改革のキーポイントなのです。そのためには、間接金融に傾斜した貯蓄増進政策を早くやめて、株式市場に資金を投入したくなる魅力策（株式投資浸透政策）を素早く打ちだすことです。

これによって株価が安定すれば不良債権は減少します。しかしこれで安心すればまた逆戻りしてしまいます。IT革命に相応しい投資を促進することが望ましいのです。たとえばNTTの完全分割で競争制限を撤廃させること、ベンチャー企業への投資浸透策です。

これによって二十一世紀型への産業構造が促進されます。これが第二の構造改革です。

しかし、財政再建につなげていくには、国・地方の債務を減少させる筋道が必要になります。それには、国の財政に依存する地方財政を改革することであり、中央集権的な財政構造を分権型に改革しなければなりません。これが第三の構造改革です。

ところがこうした構造改革に賛成している人でも、この三つを同時にやらなければ、構造改革につながる景気回復にならないことを意識している議論が少ないのです。たとえば、間接金融改革に、税制改革は必須条件であるのに、不公平助長になるとか、株式はリスクが大きいなどといって躊躇しているのが現状です。いままでの内閣ならそれを突破できないでしょうが、小泉内閣ならそれができます。ＩＴへつなげていく誘導策は竹中経済財政担当大臣、そしてそのための税制改革には、党と政府の両税制調査会に深く立ち入れる塩川財務大臣の政治力という強力タッグチームができました。三つの構造改革に道筋はついたのだから期待したいものです。

Ⅱ　地方自立への道

一　地方分権と税制

黒川　国の支出が八十兆円なのに国税の収入が五十兆円という状況の中で、国債発行が累増しましたが地方も赤字累増ですね。

そうです。国全体のバブル崩壊による金融不良資産の解決がおくれているために、その影響が次第に金融から実物経済に及びつつあります。国の税収も大幅減だが、大都市自治体は法人二税（県民税と事業税）への依存度が高く、税収が景気の動向に大きく左右される傾向があるから大幅減です。とりわけ政令市を抱える道府県では、政令市に財源を大幅に委譲しているにもかかわらず、教職員や警察官の給与は国と道府県が負担しているため、人件費が高くなり、道府県財政を圧迫しているのです。

宮沢蔵相（当時）が、恒久的減税をうちだしたとき、地方住民税引き下げに言及したため、地方にその余裕はないと反発され前言をくつがえしたのですが、法人税減税にしても地方法人事業税を引き下げるとなると、いまの地方財政状態では容易ではありません。

そこで、まずなんといっても金融再生策がいま即時に行われるべき対策なのですが、これを契機として、景気対策にばかり目がいって、忘れられがちな構造改革＝体質改善を同時に行うことが必要不可欠といえます。

構造改革の中心が、中央官庁主導型経済の改革にあることは、地方自治体の財政破綻によって明らかになっています。国から地方への財源保障をともないつつ、地域間の税収格差を調整して、公共財の供給・所得分配・景気対策のすべてを国と地方とが一体となってやってきたというそのしくみに根源があるのですから、これを捨てておいて日本経済の繁栄などありえないのです。

金融再生策が成功すれば、あとは減税と公共事業さえやれば、日本経済は再生するなどと安易に考えているのではないかと心配になります。しかし、公共事業にしても、ただ資金量を手当てしたからといって問題は解決しません。

たとえば、国は地方財政計画を策定し、地方公共団体全体として年間に実施する行政事務内容と、それにかかる費用の大枠を策定しますが、そのための財源は地方税収と地方交付税や国庫支出金による補助や起債で行うことになっています。ところが、地方独自の需要があっても、国が必要と認めない事務や事業の経費は、基準財政需要額に算定されません。また、建設業の起債は国の許可と同時に、国が後年度の元利償還費を基準財政需要額に算入しますから、地方が借金しても国が肩代わりしてくれるという仕組みになりやすいのが問題のハコモノ行政を生みました。

こうした仕組みは、景気対策について、国の方針に地方が追随することになるため、県立大学や病院あるいは文化施設を運営コストも考えずにつくることになりました。現行制度では、地方は事業をやらなければ、国の補償は何もでないのですから、赤字でもやった方が得になるシステムとなっています。そこでは地方住民の需要は軽視されてしまいます。東京都の財政赤字増大の一因はハコモノ事業にあります。都庁の跡に国際フォーラムを建設しましたが、費用一、六五〇億円、維持費五一億円。収入は五三億円だから無駄ではないと言いますが、あんな経営で黒字になるなら、民営化すればもっとよくなるでしょう。東京芸術劇場にしても現代美術館・東京武道館にしてもつくるほどの必要性があったのかどうか。

地方政府が公共サービスを供給するにあたって、国がさまざまな関与を行い地方政府の自主決定権を奪ってはならないのです。その点、地方分権推進委員会が「関与・縮小廃止」をうちだしたことは正しいといえます。このことは、地域社会のニーズを充足するためには、財源調達を地方政府自身に認めることでなければなりません。そのためには中央政府はその仕事を純粋公共財に限り、民営化できるものは極力、民営化する。そして予算節減を奨励する。これは地方政府も守るべき原則でしょう。

こうした努力は三重県を先頭にすでに各地方であらわれてきましたが、財政再建団体の続出は、減税も公共投資も、地方主権が確立しなければ、実行に限界があることを示しています。

いまや東京都も、その行政改革プランを発表しましたが（平成十年十二月二十三日）、これによると都として初めて公営企業の民営化の検討を盛り込んでいます。交通、高速電車、電気、水道、工業用水道、下水道、病院、中央卸売市場などの公営企業や、大学、短大、専門学校、文化・レクリエーション施設などを明示していますが、まことに正解といえましょう。これらにはＰＦＩ方式[*14]を採用することが当然です。

＊14　**ＰＦＩ**（private finance initiative）　社会資本整備の民間事業化のこと。具体的な事業としては、中部新国際空港、高速道路交通システム（ＩＴＳ）、高速道路のインターチェンジの新設・整備など。民間のノウハウや資金を活用するもので、すでにイギリスで一九九二年に導入された手法。平成十一年七月には、「民間資金等の活用による公共施設等の整備等の促進に関する法律（ＰＦＩ促進法）」が成立して本格的にスタート。

同時に、地方主権には財源確保が要ります。政府税制調査会は平成十年十月十六日答申でこう述べました。

「その際、地方公共団体においては、自ら強い自覚をもって徹底した行財政改革を推進するとともに、市町村合併や広域行政の推進についても積極的に取り組んでいくことが強く求められます。

地方分権を推進する際、地方公共団体の課税自主権を一層拡充することも重要です。地方公共団体がその課税権に基づき、住民の代表により構成される議会によって制定された税条例をもとに、自ら地方税を賦課徴収し、その財源によって住民に行政サービスを提供していくことは地方自治の原点です。地方税の充実確保が図られ、地方公共団体の行政サービスと住民の地方税負担との関係がより明確になることにより、地方公共団体の財政面における自己決定権や自己責任が増していくこととなります。

したがって、地方公共団体の課税自主権を一層拡充していくとともに、各地方公共団体が住民の意向を踏まえつつ、自らの判断と責任において、その行政サービスと地方税負担のあり方を決定できるよう、国と地方の間の行財政システムの改革を進めていくことが必要です。」

黒川　アメリカでは消費税に類するものとして州ごとにセールス・タックス（小売税）を徴収しています。国税の一つである消費税の一％を地方に分与する日本の現行方式よりは、アメリカの方が理にあっているといえますね。

日本の戦前における中央権限の強化は軍事大国への方向と欧米諸国に追いつくための工業化にはふさわしい体制でもありました。戦後も、復興から工業国への道を邁進し、福祉制度の充実など、国家レベルの目標を達成するためには、中央集権システムに基づいた画一的な行財政運営が効果的であったのです。その一方で、中央集権システムが地方の行財政運営を阻害してしまったことも事実でした。

一般的に世界各国の財政の機能は国と地方によって果たされています。地方自治とは、文字どおり地方が自らを治めることです。しかし、地方自治も国家の存在を前提とし、国と責任を分担しながら行政を行う必要があるのはいうまでもありません。

そこで問題になるのは国の関与です。行政は国と地方で、さまざまな形での機能分担が行われています。具体的な事務配分に関しては、住民の日常生活に関する行政は地方団体が担当し、都道府県は広域な行政を、市町村は住民生活に密着した行政を分担しています。

これに対して国は全体として統一的に行っています。必要のある事務、高度の技術を要し巨額の財政負担をともなうような事業は中央で行っています。国の行政は国防や外交などの純粋公共財を供給することにあります。また、全国的に整備水準を設定すべき福祉、教育、あるいは道路・港湾などの社会資本については、望ましい水準を法律の方法などで示し、地方団体の歳出の一部に対して補助金を交付しています。

ところが、国と地方公共団体の違いはあくまで果たすべき機能の違いであるにもかかわらず、さまざまな面で国が地方行政に関与しているのが現状です。

わが国の地方自治を象徴する言葉として「三割自治」という言葉が用いられています。地方の自主財源である地方税が収入全体に占める割合は三割にすぎない、という意味や、地方団体が行っている事業のうち、地方独自のものは三割にすぎないという意味で用いられることもいます。

その理由の第一は、補助金行政が地方から地域の課題に主体的に取り組む機会を奪い、地方もその努力を怠ってきたことです。補助金行政の弊害は、地方行政に対して、金も出すが口も出すという国の姿勢が地方団体の自主性を損ない、東京にある中央官庁への陳情がなくならない原因になっています。

第二は、国の事務を地方団体に委任する機関委任事務が、地方行政のかなりの割合を占めていることです。委任された事務は主務大臣の指揮監督権が法律で認められているので、実質的に地方団体は国の下請け機関にすぎなくなってしまっています。

中央集権システムによる行政の画一化は地方団体の自己改革意欲を失わせ、サービスの質や行政効率が低下することになります。また、歳入から歳出に至るまで国によってコントロールされていたのでは、最小の経費で最大の効果を上げるという責任を軽視しがちになるでしょう。住民の選好にそれほど大きな差は存在しない生活に不可欠なサービスについては、画一化によって供給コストを削減することも可能でした。しかし、それを必要としない住民にとっては負担感が募ります。

所得水準の上昇とともに国民の価値観は多様化し、私的消費活動のみならず行政サービスに対する国民のニーズも大きく変化し、政府の対応にも変革が求められています。その方向は、まず高度経済成長期から福祉国家の建設期にかけて続いてきた「大きな政府」からの軌道修正であり、民間活力の導入など市場メカニズムへの回帰です。もう一つは、地方分権の推進です。国が立案した政策を地方が執行するという下請けの関係から地方団体に住民のニーズに密着した政策を形成するインセンティブや能力を与えることが望ましいのです。

黒川　地方財政の理論に「足による投票」という仮説があります。地方団体が多数存在するとき、地方団体は独自に税負担と行政サービスの組み合わせを住民に示し、住民は自分の選好に最も合った地域に移り住む、というものです。この仮説は地方団体の政策の多様性と、それを実現するための地方分権の必要性を示唆していますが、どうでしょうか。

中央集権構造がもたらした問題の解決は、地方と中央の権力を住民主導に転換させていくことでしょう。今日、わが国をめぐる内外の諸情勢は大きく変化しており、国と地方との関係についても抜本的な見直しを進める必要があります。わが国の発展にともない、外政が政府にとって大きな比重と領域を占めるようになってきたのに対し、地方公共団体の内政に占める役割はますます大きく重要となっていきます。それにもかかわらず、中央への一極集中および、これに対比される地域格差は、地方財政の前途に深刻な影響を及ぼしています。

増大する地方団体の役割を十分に果たしていくためには、その基盤として、それぞれの地域がその個性と特徴を生かした活力あるものとなることがきわめて重要でしょう。地方分権は時代の流れとして、地方にとってこれまでとは違った政策展開の可能性を期待させますが、同時に国への甘えや責任の転嫁が許されないことを覚悟しなければなりません。そのためにも、地方団体自らがその創意と工夫のもとに、住民のニーズに応える効果的な政策を展開していけるよう、地方行政を活性化させることが不可欠でしょう。

地方分権的なシステムでは、行財政運営における地方団体の自主性、主体性、独立性が尊重されなければなりません。そのための条件は、まず収入面において国への依存を断ち切ることです。

地方団体は、財源という制約のもとで予算を編成し、公共施設やサービスを供給する過程でさまざまなコントロールが加えられます。まず、財源面から見ていくと、自主財源である地方税は、地方の条例で課税要件を定めることになっていますが、課税できる税目、税率などの主要な課税要件の大枠は「地方税法」という国の法律によって詳細に規定されているため、地方の自主財政権の根幹である課税権にも細かな制限が加えられています。

一九八九年の消費税の導入によって、物品税をはじめとした個別消費税が廃止されましたが、その中には電気税やガス税などの地方税も含まれていました。消費税導入にともなう所得税減税では、地方所得税である住民税も対象となりました。このように、国の財政状況、財政運営によって地方財政は左右され、地方税の変更は国会で審議に委ねられても、地方議会のでる幕はないのです。

黒川　地方団体が通常時に採用すべき税率を「標準税率」と呼ぶのですが、このような形で地方税率をコントロールすることは、所得を公共部門と民間部門との配分、つまり地方財政の最適規模に関する選択の自由を奪ってしまいます。制度的には標準税率より低い税率を採用することは可能ですが、地方債の発行を制限されることになりかねないので、事実上は不可能です。結局、地方は国によって決められた財政規模の中で、それを配分するだけになるのではありませんか。

地方団体が地域振興のために税制上の優遇措置を図ろうとしても、それが認められるのは、「国の法律が適用された事業に限られ、国の基準をクリアすること」が要求されます。優遇措置を講じる権限と、適用事業の選択権が地方に与えられるなら、地方によって事業にも特色が出てくるはずです。

地方税のコントロールが地方団体による放漫な財政運営や過度の財政支出に対する防波堤の機能を果たしてきたという考えもあります。しかし、これに対して、最近の公共選択の理論では、分権化された地方団体間の競争こそが予算の肥大化を防ぐための手段であると指摘されています。

地方の財政運営や国と地方の財政関係の基本原則を定める「地方財政法」は、全額を地方が負担することと定めています。しかし、全国的に一定の水準を確保するために法律に基づいて実施することが義務づけられている仕事や、国民的見地から国の計画にしたがって実施すべき公共事業については、国が費用の全額または一部を負担することになっています。それ以外にも、国が地方の仕事を特に必要と認めて、それを奨励するために補助を行うこともあります。

黒川　地方税以外の収入のほとんどは、国庫支出金、地方交付税、地方債で占められています。これらの収入はいずれも国家財政からの移転で、地方の住民と行政当局の双方に負担を感じさせないものです。そこで「財政錯覚[*15]」によって地方財政規模の膨張を引き起こし、地方財政運営の責任を不明確にするという指摘があります。

＊15　**財政錯覚**　歳出が増えるときに、増税など当面の負担を伴わないため、そもそも負担が無い、経済的に豊かになったように納税者は勘違いしてしまう。これを財政錯覚とよぶが、財政錯覚による財政需要の増加が公債費を増大させ、一般財源をますます硬直化させているのである。

そうですね。国庫支出金は使い道が定められているひも付きの補助金であり、地方交付税は地域間の財政力の格差を調整したり、財源不足を補うための使途の自由な国からの交付金です。地方交付税は、所得税など国税の一定割合として総額が決められるようになっているため、税制改正の影響は避けられません。地方団体の借金である地方債の発行も、許可制になっています。

国による地方の財政的補助は例外のはずですが、実際には例外が大きくなりすぎ、国の財政を圧迫するほどになってしまっています。そのため財政改革は地方財政を直撃しました。一連の補助率カットは、補助金行政の延長線上にあるのではなく、国の財政再建の手段として行われたことに注意する必要があります。

補助率の引き下げによる地方の減収分は、地方交付税の増額や建設地方債の増発によって手当されたのですが、中には、地方に単独事業として実施させるという形で削減する方法もありました。これでは国と地方が互いに財政負担を押しつけあっているにすぎません。

補助金によって予算編成が歪められるという指摘もあります。一定の財源があるとき、補助金のつかない単独事業ではその財源分の事業しかできません。一方、二分の一の補助率の事業であれば二倍の事業が可能になります。このような場合、たとえ住民のニーズの点で優先順位が低くても、地方の予算は補助事業に引っ張られる傾向があります。国の見地からすれば、このように地方の予算を誘導することが目的となりますが、納税者の立場からは浪費と映りかねません。

補助金の交付条件を厳しくすることによって地方の仕事に細部にまで介入し、定員や天下り、中央への出向など、地方の人事に対してもコントロールが行われています。しかも、補助金の交付によって地方は事業の細部にまで干渉され、地域の特殊性が事業に反映されないならば、資源の浪費はますます大きくなります。そのような補助金を拒否するにしても、国への対応から実際にはできないのが実状です。

補助金交付の厳しい条件は、国の縦割り行政をそのまま地方に持ち込むことにもなりかねません。地方団体が多目的の複合施設を建設しようとしても、縦割りで補助金が交付されているためになかなか実現しないことが往々にして起きています。また、「まちづくり」には都市機能のバランスよい整備が不可欠です。ところが、補助金は事業ごとにそのときどきの便宜と必要とから生み出されてきたため、このような視点は皆無であったようです。

地方団体にとっても国庫補助金を地方交付税のような使途の限定されない一般財源に振り替えることが主張されるのは当然のことです。

そのほかにも、許認可、財務監視、検査・監査、技術的助言、勧告など、地方団体の行財政は国のコントロールによって縛られています。

小中学校、保育所、上下水道事業、福祉、文化サービスの提供などは、地方に固有の仕事だとされています。しかし、地方が自由に実施を選択できるものであっても、小中学校の設置のように法令で義務づけられているもの、国の建設・整備計画によって縛られているものなど、地方の自由が制限されている仕事は多いのです。

黒川　地方分権一括法が施行されて、地方団体が行っている仕事の多くが国によって委任された機関委任事務が法定受託事務となって、国と地方は法律上は対等な立場になったのですが……。

委任された仕事は「団体委任事務」と「機関委任事務」とに分かれていました。今日、国と地方の権限配分において大きな争点となっていたのは、都道府県知事や市町村長に管理・執行を委任され地方行政のかなりの部分を占める機関委任事務でした。

団体委任事務がとくに法令で定められていない限り、地方団体の仕事として扱われ、本質的には固有事務と変わりがないのに対し、機関委任事務は、住民に身近な仕事であっても地方議会を通じて口を挟む余地はなかったのです。都道府県知事は中央省庁の大臣の指揮監督を受け、市町村長は大臣と都道府県知事の指揮監督を受けるという関係でした。地方団体は国の下請け機関にすぎなかったことになるのです。国・都道府県・市町村は対等な関係ではなく、上下の関係にあったのです。

現実には地方団体が処理してきた、かなりの事務が現在でも法定受託事務に名前を替えて、機関委任事務の多くが残されたのです。これは地方自治の面から見て大きな問題です。中央省庁は地方に対する不信感や権力への執着から、地方に仕事を任せようとはしません。中には、地方の固有事務であったものをかつて機関委任事務化し、制度上の権限を国に吸い上げたものもあります。わが国における国のコントロールは、量的にも質的にも厳しく、これでは地方分権化はできないと考えたのは当然です。地方消費税から地方単独課税は地方分権への動きといえます。財源の委譲を中心に小泉構造改革はまずこの点をクリアーしなければなりません。

二　地方消費税から地方単独課税の動き

黒川　三％の消費税を五％に上げたとき、国税を地方に分配するという地方交付税みたいな、いささか理論上筋の通らない地方消費税が成立したのはなぜですか。

当時、自治省の運動はすごいものでした。地方の赤字を埋めるため二％上げ幅の半分を地方消費税にするなら五％消費税に協力するということでした。自治省が動きはじめると理屈よりは政治家依存でした。どうしてもあれがほしい。地方自治体が赤字なので、なんとかして二％のうち半分は取りたいという。ところが、理論的にいうとおかしいんです。なぜかというと、消費税というのは、国全体のものです。消費財はどこで売られているかわからない。どこで買ったかわからないのに地方に回すわけにいかないでしょう。それは無理だという話でした。そのとき自治省の財務局長だった滝さん、後に消防庁長官になって、次に立候補した。かれが「加藤先生、私は必ずやりますから、いくら理論で反対しても無駄ですよ」って言ってね。私は、地方に回すことできないわけじゃないと思ったのですけれども、いつも正論を吐く石さん（一橋大学学長、現政府税調会長）が、絶対だめだ、理論からいって違う、地方の税金に回すお金じゃない、そんなことをしたら大蔵省の理論が崩れるといって反対する。反対するんだけれど、「石さん、しょうがないよ、向こうがほしがっているときは、なにも国がやらなきゃいかんということはないんだから」と言ってね。石さんは、だめだよ、だめだよと言っていたんだけれども、最終的に自治省が動いて地方消費税という国税分配が成立してしまった。

この地方消費税は、たくさんの地方自治体にある意味でものすごく大きな救済になったことは事実ですが、政府税調では異論が強かった。石さんは言うんですよ。そんなことしたら、一％じゃなくて、今度は二％になるよ、三％になるよ、どうしますかって言う。私の頭はちょっと石さんと違っていた。いいじゃないの、国が税金を全部集めるのはまちがっているんだ、中央の税制徴収はやらないほかいい、地方は税務署の役人が余っている。地方税務署は大体一〇何万人いる。国税庁が六万人ですから、そんなものは全国から集める必要はない、地方に任せてやらせなさいという発想でした。だから私は、妥協的だと思ったけれど賛成したんですが、結果的にそうなりました。

私はどちらかというと、税の筋論よりは、いま地方で新たに外形課税の話があちこちで出てくるようになってきましたが、中央集中の税制は修正し、分権化することの方がいまの日本では重要な構造改革だと考えていたのです。

私は、構造改革というのは、産業構造改革と財政構造改革と二つある。その財政構造改革は何をやるかというと、第一は、まず国有企業を民営化する。第二は、規制緩和をやる。市場経済化をする。第三番目は、地方の自立をはかる。この三つが財政構造改革です。これをやらなきゃいけないと思っていましたからね。地方消費税はその一環だと考えていましたから、あまり否定しなかったのです。

黒川　石原さんの銀行課税という外形標準課税提案は衝撃でしたね。

実は、平成十二年一月五日に石原さんと食事したのですが、そのとき、石原さんが外形標準課税はどうだろう、どうだろうと盛んに言う。まさかやるとは思っていませんでした。

その年の一月の終わりに突然出たとき私が思ったことは、石原さん、かわいそうだけど、外形標準課税の意味が違いますよ、東京都庁はまちがえています、だからだめなんですよと言いました。私は、あれはエセ外形標準課税だと言いました。なぜかというと、外形標準課税といえば電力、ガス、生保、損保四業種のみの規則のとおり地方自治体が勝手にやってもいい税金になります。ところが、銀行業に課する税となると規制に定められた業種ではないので外形標準課税ではありません。特殊な税金で、懲罰税とか銀行税というべきであって、外形標準課税じゃないんです。なぜそれを外形標準課税という名前を使ったかというと、外形標準課税にしておけば、大蔵省の許可を得なくてもできるんだというところが抜け道だったのですね。

現行の法律でも外形標準課税として生保・損保・電気・ガスの四業種は認められています。

水道とか。これはいい。それを使えばいいんだけれども、銀行はその中に入っていないんだからほんとうはやっちゃいけない。それをやるというんだから、外形標準課税ではなくて、一見外形標準課税。外見標準課税だといったら、石原さんもそうだなと言います。もし政府が外形標準課税をやれば、自分たちもやめるよと言ってました。では、石原銀行税の問題はどこにあるのでしょうか。

『金融財政事情』の谷川活生氏から質問されたので答えました。

――都が打ち出した外形標準課税案をどう受け止めているか。

導入のプロセス、手続に重大な問題がある。石原都知事は、なぜ誰とも事前に相談しなかったのかと問われて、「(そんなことをしたら)潰されていた」と答えたそうだが、それは、議論もせずに自分の都合のよいように税制を決めるということであり、大間違いだ。

日本の地方自治法は、アメリカと異なり、納税者の反乱権を認めず、課税する側に権力が集中している。それだからこそ、権力をもつ側が税制を変更する際には、何度も公開審議し、公聴会を開き、「これでいいですか」と、権力を有しない側の理解を得られるよう努力している。課税主体が納税者の声に耳を傾けずに、事業税でも消費税でも引き上げられれば、これほど簡単なことはないが、それは独裁であり、民主主義のもとでは許されない。

――都は、長年自治体が政府税制調査会等の場で外形標準の導入を主張してきたが、いつまでたっても実現しないので、単独導入に踏みきったといっている。

外形標準を導入したがっていたのは、財源の安定化を重視する自治省であり、都道府県知事のすべてが賛成していたわけではない。政府税調も外形標準課税の導入を「地方税のあり方として望ましい」と答申している。しかし、多くの知事は、一斉導入でなければならないと考えている。それは単独導入だと選挙に負けるとわかっているからだ。

——だが都議会のほとんどの会派が石原新税の支持を表明している。国民に不人気の銀行を狙い撃ちしているからか。

それもあるが、金融機関のなかでも多くの都議会議員の財政的基盤である中小金融機関を新税の対象から外しているからだ。一部の人のみ利するのは、租税の三原則（中立、公平、簡素）の一つである公平原則に反する。

——都の主張では、行政サービスの恩恵を受け、しかも公的資金を受けている大手銀行が、繰越欠損期間中、何年も税金を納めないことこそ不公平ということになるが。

確かに外形標準課税は、納税者が得られる便益に応じて課税するという、応益性を強化する一つの手段だ。しかし、そのことを裏返せば、全業種を対象にしなければならないし、そうではなく石原構想のように資金量五兆円以上の銀行だけを対象に導入するならば、彼らに対して東京都が地域行政サービスを通じて、どのぐらいのベネフィットを提供しているかを証明しなければならないということになる。それをせずに、とりやすいところから税金をとるというのは、「簡素」ではあるかもしれないが、「公平」「中立」原則から外れる。

同様に公的資金の原資は国全体の税金であり、東京都にだけ再分配されるのは不公平である。それにその行動は、石原知事が避けたがっている地方交付税を受け取ることとどこが違うのか。

そもそも東京都だけが、在京支店を有する大手地銀に対して外形標準で課税するということは、本来本店所在県にもっていくべき収入が東京で先取りされるということである。これは東京に対して地方が相対的に弱くなることを意味し、別の不公平をもたらす。

――都が単独導入すると他道府県の税収は、五年間で一七三億円減少すると試算されている。

だいたい毅然と調整に動かない自治省をはじめとする政府の姿勢にも問題がある。地方分権は独立国家樹立とは違う。全体がバランスをとりながら発展していこうという、いまの日本の枠組みのもとでは、東京だけがやりたい放題を許されるものではない。当然に国は調整を図るべきだ。

——自治体が条例で課税標準を定めるのは自主課税権の領域ではないのか。

地方税法には、都道府県は法定標準料率を超えて一定の範囲内で法人事業税等の税率を定めることができると書いてあるが、「標準」を決めるのはあくまでも国である。都が外形「標準」を業務粗利益、税率三%、期間五年云々と定められるというのは、独断的な法解釈だ。

——銀行は、平成十年に三四億円だった主要一九行の納税額が一一〇〇億円に跳ね上がるのは、地方税法が外形標準課税導入を制限する、「(現状負担と)著しく均衡を失する」ケースに当たるとも反発している。

一〇〇〇億円増加するといっても、三〇行が対象だから、一行当りにならすと三十数億円。大変なことだとは思うが、それほど大きな打撃にはならないだろう。

むしろ地方税法には、「事業の情況に応じ」という制約があるのだから、政府は外形標準課税導入によってどういう問題が対象業界に起こると予想されるか、あるいは、景気が回復するまで外形標準課税は導入しないという政府のスタンスについて、都に意見を言う権利はあるはずだ。黙っていてはいけない。

——導入プロセスや公平性に問題はあっても、外形標準課税自体は、政府税調の方針と合致しているのではないか。

われわれが考える外形標準課税のあり方と都提案のそれは、似て非なるものだ。第一に政府税調は、外形標準課税を導入する場合、普遍的、中立でなければならないから、広く、薄く課税する必要があると言ってきた。

第二にその前提のうえで政府税調では、議論の末に粗利益に課税するという方法を否定した。ある特定の地域で労働集約的な産業のウェートが大きい場合、粗利益に課税すると、企業は人件費を圧縮する方向に動く。その結果、地域の失業者が増大するかもしれない。粗利益に課税する方法は、雇用行政をも左右する大問題だ。企業にお金がありそうだから増税しようという単純な問題ではない。

——都は、銀行の場合、政府税調が提案している外形標準四類型（①事業活動価値、②給与総額、③物的基準と人的基準の組み合わせ、④資本等の金額）のうち①に当たるのが業務粗利益と説明している。

事業活動価値を粗利益のように人件費と物件費を含むもので測ると、雇用問題に波及する。景気がいいときなら、企業は税負担を超えて人を増やせるから問題はないが、景気低迷期だと失業率を増やす。経済に変動を与えないよう中立的に税制を変更するためには、事業活動価値から人件費と物件費を控除しなければならない。

それに事業活動の付加価値を課税ベースにするのならば消費税と違わない。なぜ地方消費税の上乗せではだめで、法人事業税の外形標準課税導入ならいいのか、私には理解できない。

――赤字法人も事業税を納めるということは、法人住民税との違いもますます曖昧にならないか。

二重課税になる。将来は外形標準課税による法人事業税に一本化すべきだと考える。

――国の法人税や他府県の事業税と、都の事業税の算定標準が違ってくる。

納税事業負担の観点からも、全国一斉に同一の制度を導入することが必要だ。

――都に限らず、最大税目である法人事業税の税収落込みによる財政難は深刻だ。

確かにバブル期に二〇〇〇億円を超えていた主要銀行の事業税額が三四億円に減少した影響は大きい。しかし自治体が赤字になったのは、なにも税収が減ったからだけではない。なぜ景気がいいころに、この二〇〇〇億円もいずれ三〇億円に落ち込むかもしれないと考え、バランスのよい使い方ができなかったのか。銀行が納めた二〇〇〇億円もの税金をすべて使ってしまった末に、足りないからもっとよこせという前に、まずバブル期に肥大した都の歳出構造を引き締めるべきだ。いま金融機関だけが税収急減の責めを負わなければならない理由はない。

――石原知事は職員の賃金カットをはじめ歳出引締めに取り組んでいるといってい

る。

一部の銀行は本店ビルを売却したが、あの都庁舎、国際フォーラムの売却を検討したことはあるのか。都だけではない。神奈川県も赤字だといいながら、この少子化の中で県立大学をもう一つつくるという。役人の行き先を作るためだけにこれ以上無駄金を使わせるわけにはいかない。

自治体赤字は交付金と補助金、地方債に依存して浪費してきたこれまでの地方財政構造の誤りの結果だ。その構造を正さず、とりやすいところから一〇〇〇億円の税金を集めて安心していては、行政改革はできない。

――九八年に外部監査制度が導入されたことで、応益関係の明確化と歳出内容の第三者チェックが可能になったのではないか。

どういう方法にせよ銀行だけの応益性を求めるのは非常にむずかしい。また外部監査制度は自治体がバランスシートを作成し、それをチェックして初めてワークするが、都はまだつくっていない。

――店舗にとらわれないネットバンキングの拡大は、法人事業税のあり方に影響を与えるのではないか。

店舗の概念が変わる中で、いつまでも都だけが税金をとる状態が続けば、銀行の東京離脱が始まるだろう。だからこそ全国一斉に導入しなければならない。しかも経済のグローバル化が進展している中、日本の金融の中心地である東京からの離脱は、国外のタックスヘブンへの逃避、ひいては金融力の低下を通じた国力の低下を意味する。国滅びて東京都のみ栄えることにならないか。個人的には法人事業税に外形標準がふさわしいと思うし、全国の知事も導入に賛成してほしい。そう思うが、地域の事情だけでなく、国の将来もよく考えたうえで、決断してほしい。

——先生は著書の中で「『私』が立ち、地方が立ち、そして国が立つ」ことが必要と述べておられるが。

立つにしても納得ずくで立たなければだめだ。日本は戦国時代もその前の応仁の乱のときも、天皇という旗印のもと、完全にバラバラになることはなかった。いま国が調整機能を放棄することは、中国の春秋戦国時代と同じだ。そういうことを平気で認め、喝采を送るいまの風潮がおそろしい。

石原東京都知事の外形標準課税提案に対して私はこのように考えていました。石原都知事は、ホーム・スチールだと自画自讃されたようですが、奇襲には敵味方があっけにとられる場合と、真珠湾攻撃のように、あとで後悔する場合とがあります。石原提案は、世論が喝采をおくっているものの、それは、銀行に対する不満と閉塞状況を打破できない政治に対するいらだちの反映にすぎません。そうした感情論でなされる決断はとかくあとで後悔することが多いのです。多くの支持者は、石原決断をよくやったとその大胆さで評価していますが、それは、自分に負担はなく他人事であるからであり、他方、銀行当事者が反対するのは当然です。しかも自治省も当惑しているという無力感が、よけいに石原決断をみごとなものとして際立たせてしまっています。

いかに金融が儲かっていて行員の給料が高くてけしからんという非難があろうと、それゆえに課税せよというのでは一方的権力の行使にすぎません。たとえば、金融業がけしからんというが、他の業種はどうなのか。実は調べてみると概数ではありますが、都の職員の給料と銀行は大差ありません。それを高い給料の銀行と決めつけては嫉妬的課税となります。石原新税はそうした課税を普及させかねません。公的資金をもらって貸し渋りをしている銀行をけしからんというなら、その銀行の収益を東京都がよこどりするのではなく、公的資金という国民の税を早く返却させるようにするのが正しい選択ではないのでしょうか。

要するに石原新税は、東京都のリストラをやったと称して、なお赤字分を、金のある銀行から収奪せよということで、結局は自立心はなく他人のふところをねらったにすぎませ

東京都職員及び都市銀行職員の給与の状況

区分	給与月額（円）		
	男女平均	男性	女性
東京都（一般行政職）	465,300	－	－
さくら銀行	505,585	596,625	287,288
住友銀行	493,198	607,722	234,243
富士銀行	491,939	604,961	265,250
東京三菱銀行	489,079	618,636	261,398
三和銀行	481,257	598,120	235,783
大和銀行	468,163	551,195	279,038
第一勧業銀行	466,565	589,751	270,620
東海銀行	452,939	546,591	261,766
あさひ銀行	449,200	540,173	238,984

（注）　東京都・都市銀行とも時間外手当は含み、賞与は除く。
（出所）　東京都：平成10年４月１日地方公務員給与実態調査（自治省）
　　　　都市銀行：各行の平成11年３月期・有価証券報告書（「第一部　企業情報」の「第１　会社の概要」のうち「９．従業員の状況」）

導入検討中の主な独自課税案

●東京都	大型ディーゼル車首都高速道利用税 処理業者対象の産業廃棄物税 宿泊客対象のホテル税 店舗対象のパチンコ台税
●東京都杉並区	買い物客対象のレジ袋税
●神奈川県	県内企業対象の臨時特例企業税 大気汚染物質を排出する事業者対象の環境保全税などの生活環境税制
●山梨県	富士スバルライン利用税
●静岡県熱海市	宿泊客対象の観光振興税
●新潟県十日町市	発電所対象の発電用水利用税
●三重県	処理業者対象の産業廃棄物税
●三重県久居市	電気自動車等買い替え促進税
●大阪府	法人府民税の均等割引き上げ 自動車税のグリーン化
●鳥取県	水道料金に上乗せする森林保全税 処理業者対象の産業廃棄物税

（出所）『読売新聞』2001年４月30日

ん。一歩譲って、銀行に外形標準課税対象を特定するとなれば、その対象者に対する行政サービスがどの程度であり、便益はいくらであると明示しなければならないはずです。行政サービスの対価を明示することもなく、権力でおしつけるなど、中世の税制としかいいようがありません。なぜ世論はこんな課税に喝采をおくるのでしょうか。普遍的外形標準課税を断行すべきでありましょう。

とはいっても石原銀行税を契機に各地方団体による課税自主財源探し[*16]が本格化することは、地方分権からみて望ましいといっていいと思います。

*16　**課税自主権の活用**　地方公共団体の課税自主権の尊重の観点から、現在、超過課税と法定外税（法定外普通税及び法定外目的税）が地方税法上認められています。

超過課税は、地方税法上標準税率が定められている税目について、標準税率を超える税率で課税するものであり、平成十一年四月一日現在で、都道府県で延べ五三団体、市町村で延べ二、四〇九団体が実施しています。

法定外税については、地方分権推進の一環として、課税自主権の尊重、住民の受益と負担の関係の明確化、地方公共団体の課税の選択の幅の拡大などの観点から、法定外普通税については、許可制が自治大臣の同意を要する協議制に改められ、税源の所在や財政需要に関する事項が協議事項から外されるとともに、新たに法定外目的税の制度が創設されました。

法定外普通税は、平成十二年四月一日現在で、都道府県で一四団体、市町村で四団体が課税しています。

地方公共団体では、財政事情が大変厳しいということもあり、地方分権推進のための制度改正の趣旨も踏まえて、課税自主権の活用について積極的な検討が始まっています。地方公共団体が、地域住民の意向を踏まえ、自らの判断と責任において、課税自主権を活用することにより財源確保を図ることは地方分権の観点から望ましいものです。その際、公平・中立などの税の原則に則ることが必要です。

また、国においてもできるだけこれらの動きを支援する必要があると考えます。

法定外普通税と法定外目的税について、地方公共団体からその新設又は変更に関する協議の申出を行ったときは、以下の①～③の場合を除き、自治大臣は、これに同意しなければならないとされています。

① 国税又は他の地方税と課税標準を同じくし、かつ、住民の負担が著しく過重となること。
② 地方団体間における物の流通に重大な障害を与えること。
③ 国の経済施策に照らして適当でないこと。（「我国の税制の現状と課題」より）

三　地域通貨を使って地方経済活性化を

黒川　地方が独自財源を探すとしても地方に資金があるでしょうか。

いままで中央依存でありすぎましたからね。地域活性化のために何がきっかけになるかといえば、まず合併促進する（道州制をめざす）ことですね。

新潟県の湯沢、塩沢、大和、六日町の四町合併で「雪国市」誕生をめざしたのですが、すでに二十年経過しました。最近では、さいたま市が誕生しましたが、いずれにしてもなかなか進まないものです。そこで、平成十二年十一月に「地方制度調査会」は住民投票制度を導入することを答申し、今国会で法制化するといいます。

さらに、平成十二年末には、自治省の要請を受け、三十五道府県が、具体的な市町村の組み合わせパターンを策定しました。これによると市町村数は現在の三、二二九から六百程度をめざすという。山形市も天童市などとの合併を計画しています。平成十七年度までに合併計画を定めた市町村に対して特例法で優遇措置をとるなど、かなり腰が入ってきました。しかしそれでも合併の前途は厳しいようです。

第一に、現在の市町村にとって、財政難は国の問題であって地方の問題とはとらえられていないからです。最近ある村の収入役が、年間十四億円の収入に対し、十五億円使いこんでいたという事件が発覚しましたが、外務省の機密費使いこみ事件と同様、上から下まで、呆れ果てた話です。貧すれば鈍するの類でしょうか。

何故かといえば、どんなに財政が逼迫しても必ず補填されるなら心配することはないからです。その典型がバブルでした。どんどん収入が増えていくのですから、次々とゴルフ場へ投資するのは当たり前となりました。借金が増えても心配することがなかったからです。外務省の機密費も不足になればすぐ補充されるのですから、何の心配もないし、官邸の官房費も金庫を定期的に見回って補充していたといいます。国の財政も同じことで、不足すれば要調整額として国債で補填していたのです。

地方自治体も同じことで、建設計画を立て認可されれば起債で金を集め、それで建設し、あとの負担は、いずれ国が負担してくれると心配していないのです。住民ニーズにあわない大型施設を作り、国がそれを補填していたのです。地方交付税はその役割に使われていました。補助金も同じ結果を招き、省ごとに管轄が違うから、入口を省ごとに作ったという笑い話さえあります。だから、いまの地方交付税と補助金がある限りそれに頼っていた方が住民にとっても首長にとっても楽なのです。

これでは垂れ流しは止まらないし、国が景気促進策をとって、地方は要請されれば同調し、負債は増大してしまう。これでは分権化してもその財力の受け皿がないことになります。

これをとめるには、地方自治体のやるべき仕事が増大してくればそれに見合う規模にならなければならないのが道理です。大型施設をいくら作っても、小規模市町村では維持し切れない。いかに全国平準化といってもこれでは、大都市の負担が増えるばかりだから、地方分権の行政を受けとめるだけの規模が必要になります。こうして合併のメリットの第一は財政力強化でしょう。

第二に、技術革新が急速に進む中でそれにともなう人材がいなければ発展できません。地方大学はその核となるべきですが、地方自治体にはそれを支える体力がありません。県立大学を次々と建設するよりも、核となる大学を創るべきでしょう。

第三に、道路・交通の発達により生活圏は拡大しています。過疎村を救えといくらいってもどんどんその垣根をのりこえている変化に追いつかなくなります。

しかし、それでも反対はつきません。地域一体感が合併によって失われるという。だからこそ過疎になるより文化・歴史を保存できる力を持つことが望ましいのです。

地域格差を恐れる人がいますが、合併反対こそその格差を拡大することになります。きめの細かい行政もＩＴを活用すれば十分に対応できる時代になったのです。

さらにもう一つ、地域通貨[*17]を発行することです。日本銀行のお金だけを使っているのは間違いです。地域通貨、つまりその地域だけで通用する期限付きのお金を出す。たとえば東京なら東京だけで通用する通貨を発行する。エコマネーともいいます。その地域だけしか使えない。しかもたとえば一年以内という期限が書いてある。一年以内にみんなその通貨を使って、どんどん消費を増やすことができます。

＊17 **地域通貨** エコマネーに代表されるある特定の地域内だけで発行・流通する通貨のこと。エコマネー提唱者の加藤敏春氏によると、全世界で二千五百以上、日本国内でも百以上の地域で普及・拡大している。
その特徴は、①コミュニティ内・地域内で発行・流通するお金、②人と人とを結ぶ社会的な交換（「互酬」）を可能とするお金、③生活者自らが発行する心のこもった「温かいお金」、④従来の画一的な価格情報を媒介する貨幣とは違い、環境・福祉・文化など人間の多様性を拡大する情報を媒介とするもの、⑤利子がつかないためインフレもバブルも起こさない、といった点にある。

また、その活用法は、①介護保険制度の対象とならないサービスを対象にした住民の相互扶助、②市民が参加するごみのリサイクル・街の清掃、③商店街のボランティア活動支援、都会と山村の住民の交流促進、④高齢者用パソコン教室や高齢者から子供への知恵の伝授、など幅広い活用が考えられる。


これは昔から商店連合会の大売出しでやっていたことです。商店連合会が共通の商品券を出して、それで品物を買ってくださいと言うと、みんながワーッと買ってくれる。そこで消費が伸びた。地域振興券というかたちでそれをやろうとした人もいましたが、いろいろなやり方があると思います。

いま世界では、二千五百の都市ですでにこのような地域通貨が発行されています。日本でもいま百ぐらいあります。たとえば滋賀県の草津市でも地域通貨を発行しています。これを「円」と呼んだのでは中央通貨と間違えてしまうので、滋賀県は近江ですから「おうみ」と呼んでいます。一おうみ、二おうみというわけです。

先日も山形県でそういう話をしました。どんどん地域通貨をお出しなさい。日銀に通貨量を増やせなどと言わないで、自分でお金を発行すればいい。ただし、中央通貨と同じ「円」といってはいけないから、山形だったら「さくらんぼ円」にする。

アメリカが一〇〇ドル紙幣を発行すると、コストは三セントです。九九ドル九七セントがアメリカの利益になる。ですから、ドルを発行すればするほど、アメリカにそのお金が戻ってくる。そこで、そのお金を使って株式に投資をする。そうすると、アメリカの株が上がる。いわばこのような仕組みがIMF体制です。

しかし、それをヨーロッパがやりはじめました。アメリカのドルを使わないで、自分たちの地域通貨を使う。いまヨーロッパでは二千を超える都市が、地域通貨を使っています。日本もやったらよいのではないですか。どんどん地域通貨を出しましょう。そうしたら、地方財政の赤字もなくなってしまいます。

加藤敏春著『エコマネーの新世紀』（勁草書房）という含蓄の深い本が出版されました。この本は、いま世界が直面している通貨危機が二十世紀のアメリカの基軸通貨国としての特権的地位に発することをみごとに説き明かしています。貨幣の表示金額と原価の差額である「シニョレッジ」をアメリカが独占しているということです。たとえば一〇〇ドル紙幣の印刷コストは三セントだから、その差額九九ドル九七セントが通貨当局の収益となります。アメリカは毎年経常収支の赤字を補うため大量のドルを発行します。そのドルを日本やEUから還流させることによってアメリカは好況を続けることができたのです。

かくてアメリカは年率三%ずつ消費を拡大してきましたが貯蓄率は二%台と低く、その分を株価上昇の差益（キャピタルゲイン）で補ってきました。そこでもしこのキャピタルゲインが得られなければアメリカ経済の好調は支えられなかったでしょう。もし何らかのきっかけで、アメリカへの資本流入が先細ったり、資本流出がおこったらキャピタルロスが生じ、ニューヨーク株式市場は暴落するかもしれません。

いま日本経済は不良債権をかかえその処理をアメリカに強く求められていますが、実はそれはアメリカのドル体制危機の一環にすぎないのです。そのアメリカの独善さを毅然として指弾できない日本経済の弱みに悔しさは残りますが、しかし世界にはいまやその欠陥を指摘し、シニョレッジをなくす通貨の動きが始まっています。それが地域通貨（エコマネー）です。「地域内の財・サービスを地域内でのみ期限付きで流通する信頼通貨」はいまや世界で二千地域、日本でも百地域を超え燎原の火のごとく拡大しています。いいかえれば、いま直面する日本の低迷は二十世紀世界通貨（ドル）から二十一世紀エコマネーへの構造転換のあらわれなのでしょう。

日本の、エコノミストや評論家の多くが日本経済運営の拙劣さだけを嘆いていますが、それは日本だけの構造改革のおくれではありません。

Ⅲ　税調から日本の未来が見えてくる

一　政府税制調査会とは

黒川　税制調査会というと、昔からあったのかという気になるのですが……。

政府税制調査会というのは、本来総理府に属していて、総理大臣直属の諮問機関という性格を持っています。なぜそうなっているかというと、昭和二十一年十二月七日に発足しているのですが、税制調査会といって、会長が苫米地義三さんです。このときは大蔵大臣の諮問機関です。二十三年四月十日には、税制調査懇談会と名前が変わりました。これは内閣に設置しました。したがって、答申は行っていません。二十四年一月七日に再び大蔵省に設置して税制審議会となります。会長は汐見三郎さんです。二十四年三月二十五日に、会長が大蔵大臣に代わり、内閣に設置です。二十六年三月に税制懇談会になって大蔵省に設置して、答申は行っていません。二十八年八月七日に税制調査会となって、会長は木暮武太夫さんです。代理が汐見三郎。これは内閣に設置です。三十年八月二日に臨時税制調査会が開かれまして、会長が原安三郎さんで、内閣に設置です。三十年十二月十六日には、租税徴収制度調査会に名前が変わり、会長が我妻栄（東京大学教授）です。大蔵省に設置です。三十二年六月十四日は、税制特別調査会ができました。会長が井藤半彌（一橋大学教授）で、大蔵省に設置です。三十四年四月十六日、ここからいまの税制調査会がはじまったと考えていいのですが、内閣（総理府）設置になります。この会長が中山伊知郎（一橋大学元学長）です。東畑精一（東京大学教授）が会長代理になります。四十年八月二日に、今度は東畑精一が税制調査会の会長になります。代理として松隈秀雄です。四十三年九月五日は、会長は東畑精一で、代理として福良俊之です。四十六年十月七日は、東畑精一と福良俊之で、変わりません。四十九年十月十一口、ここで小倉武一さん（元農林次官）が登場します。会長小倉武一、代理は友末洋治さんです。五十二年十一月十一日が小倉武一と木下和夫（大阪大学教授）が代理になります。これがしばらく続きます。平成二年十二月四日に加藤寛が会長になります。代理として一期が吉國二郎（元大蔵省次官）、二期、三期が松本作衛（元農林次官）です。

いまの税制調査会というのは、総理府の中に内閣直属機関として設置されています。それまではいま述べたような変化があり、いろいろな人が大蔵大臣とか大蔵省あるいは内閣に設置したりしているのですが、いずれも紛糾をしてなかなか答えが出せないという状況だったのです。中山伊知郎になってからやっと方向が決まりまして、答申を次々に出していまの税制にふさわしい制度ができあがっていった。こういう状況です。税制調査会がそ

戦後の政府税制調査会

	名称	会長	代理	備考
昭和21年12月7日	税制調査会	苫米地義三		大蔵大臣の諮問機関
昭和23年4月10日	税制調査懇談会			内閣に設置
昭和24年1月7日	税制審議会	汐見三郎	永田清	大蔵省に設置
昭和24年3月25日	税制審議会	大蔵大臣		内閣に設置
昭和26年3月	税制懇談会			大蔵省に設置
昭和28年8月7日	税制調査会	木暮武太夫	汐見三郎	内閣に設置
昭和30年8月2日	臨時税制調査会	原安三郎		内閣に設置
昭和30年12月16日	租税徴収制度調査会	我妻栄		大蔵省に設置
昭和32年6月14日	税制特別調査会	井藤半彌		大蔵省に設置
昭和33年7月22日	臨時税制懇談会	井藤半彌	高木寿一	総理大臣委嘱
昭和34年4月16日	税制調査会	中山伊知郎	東畑精一	内閣に設置
昭和37年8月1日	税制調査会	中山伊知郎		内閣に設置
昭和40年8月2日	税制調査会	東畑精一	松隈秀雄	内閣に設置
昭和43年9月5日	税制調査会	東畑精一	福良俊之	内閣に設置
昭和46年10月7日	税制調査会	東畑精一	福良俊之	内閣に設置
			（昭和47年11月～友末洋治）	
昭和49年10月11日	税制調査会	小倉武一	友末洋治	内閣に設置
昭和52年11月11日	税制調査会	小倉武一	木下和夫	内閣に設置
昭和55年11月13日	税制調査会	小倉武一	木下和夫	内閣に設置
昭和59年6月25日	税制調査会	小倉武一	木下和夫	内閣に設置
昭和62年11月12日	税制調査会	小倉武一	木下和夫	内閣に設置
平成2年12月4日	税制調査会	加藤寛	吉國二郎	内閣に設置
平成6年4月8日	税制調査会	加藤寛	松本作衛	内閣に設置
平成9年4月24日	税制調査会	加藤寛	松本作衛	内閣に設置
平成12年9月14日	税制調査会	石弘光	上野博史	内閣に設置

（出所）　木下和夫『税制調査会：戦後税制改革の軌跡』税務経理協会、1992年

ういうふうに内閣直属になるためには、紆余転変がありまして、政治と行政の力関係でいろいろな変化をしていたということがよくわかります。

そういうことで、税制調査会ははじめから政治と行政のぶつかりあう拠点でした。そのぶつかりあう拠点ということを同じ審議会の中で探しますと、米価審議会です。米価審議会も政治と学識者、農民の利益代表、消費者団体代表などがぶつかりあう場所でした。私も米価審議会を経験しましたから、そのぶつかりあう場面を何度も見てきたのですが、税制調査会もまさに同じ流れのうえにできあがって、いまの形の税制調査会に落ち着いてくるのには、かなり時間を要したことがわかります。中山伊知郎さん、東畑精一さんが基礎をつくったといってもいいのではないかと思います。

そういうことでやってきたわけですから、政治と行政がいつも審議会の中ではからみ合っていて、とくに税制調査会の場合は、政府税調は、内閣直属でつくられているのですが、これに対してもう一つは、自民党がだんだんと単独政権になってきますと、自民党の中の税制調査会が権力を持つようになります。これがずっと続いて、税制についても自民党の中の税調がいろいろな方針を打ち出してきます。そういうことが続きました。そのときの中心になったのが山中貞則さんです。この人は、ものすごく税に詳しかった。ふつうの役人でさえも及ばないくらい知識を豊富に持っていました。自民党の税制調査会の中に入るためには、新人の代議士たちが山中さんの口頭試験を受けなきゃならない。山中さんが、税の三原則は何かとか、税制の中に所得税はいくつあるかとか、直接税に関するものはいくつあるかとか、いろいろ聞く。それに対して答えなきゃいけない。それに答えたものが合格します。合格しますと、山中貞則が仕切っていますから、山中貞則のいう方針で決まっていきます。そこで政府の税調に対して党税調のほうが明らかに強いといわれるようになって、党高政低という言葉が出てきました。ある新聞記者が山中貞則に、山中さんは政府税調を軽視しているというけれども、ほんとうですかと聞いたら、軽視などはしていない、無視しているんだと言った。そういうことで、党が強いということが明らかになった時代です。

それから小倉さんの時代に入っても、その傾向は動きませんでした。小倉さんは、年中それが悔しくて、国会でいつも政治家の質問にあうと軽妙に答えて政治家たちを煙にまいていました。そういう意味で小倉さんという人はなかなか傑物だと思います。この人は十六年間会長を務めました。そういう意味で小倉さんは偉い人だと思いますが、ただ欠点がありました。何かというと、農林次官ですから、農業に関しては一家言あったんです。農業の土地の問題とか農業の遺産相続の問題となると、あの人は非常に詳しくて、自分の立場を強力に押した人です。ですから消費税のときでも、農産物をどうするかということがまずあの人の頭にありました。全体として農業時代から工業時代に入ってきているときに、あの人は次第に限界を持ち始めていたのではないかという気がしました。そういう意味で小倉さんは、工業化時代の中で農業政策を重視しようとした前時代の残された人物といってもいいかと思います。

二　税調は農業中心か

黒川　農業は日本にとって大きな力を持っていることはわかるのですが、税制でもそうですか。

このことは、私が関係していた前川レポート[*18]のときも同じだったのです。前川レポートのときも、中曽根さんの時代に日米摩擦が激化して、日本の経常収支の黒字がＧＮＰの四％を超えてしまうという状況になりました。そこでアメリカが怒って、日本は輸出をやめろ、国内需要をもっとふやせという話になりました。そのとき、いちばん大きな柱だったのが農業自由化だったのです。ところが、農業自由化を前川レポートで、私も担当して、農民、農林省と交渉したのですが、そのとき、私が最後に前川レポートでつくった原文があります。どういうのかといいますと、「農業の自由化をやって農業の国際競争力を高めるべきである」と書きました。ところが最後に前川レポートを政令で官僚が法律で出します。前川レポートは単なる提言ですから、法律ではありません。それを法律化する。その法律化するときに役人が手を入れました。どういうふうに手を入れたかというと、農業自由化を進めるといったのを逆にして、国際競争力を高めて農業自由化を行えとなりました。つまり、逆転した。国内の農業を一所懸命やって、力ができたら自由化しようというのです。私は逆に自由化することによって国際競争をしなきゃだめだと言いました。これが前川レポートの、まさに農業時代の発想が残っている一つの大きな歴史です。

＊18 **前川レポート（経済構造調整研究会報告）** 中曽根首相（当時）の私的諮問機関「国際協調のための経済構造調整研究会」（略して経構研）が昭和六十一年四月七日に発表した報告書。経構研メンバーは十七人、座長（故・前川春雄・元日銀総裁）の名をとって、前川レポートともよばれる。東京サミットで中曽根首相が世界に公約した日本の経済政策の基本文書。「経済政策および国民生活のあり方を歴史的に転換させる」必要を強調し、その転換とは輸入大国化だとし、貯蓄優遇税制の抜本的見直し、産業構造の転換、農産物の輸入増大などを推進すべきだと提言している。平成元年九月の日米構造協議で、アメリカ側は前川レポートが実行されていないことを、その主張のよりどころとして持ち出した。翌昭和六十二年に、内容をより具体化した新・前川レポートが報告された。

日本は明治以来、つねに農業重点の資本主義が変わらなかった、農業資本主義であったということをいつも感じています。明治維新以後、日本は工業化を進めるんですが、そのときも日本は貧しい国だから輸出をしなきゃいけない。輸出の根源にあるのは、絹織物です。絹織物をたくさん売っていくためには桑畑をつくらなきゃいけない。桑畑をつくっていくことが農業の基本であると。その場合、農耕作をやっている傍らで桑畑ができます。つまり、桑畑だけというのはあまりありません。傍らに植えればいい。だから桑畑がどんどんできる。その桑を中心にして絹織物ができてきます。それを輸出しました。明治から大正にかけて輸出を伸ばして発展することができたということです。農業が中心でした。だから農業の土地だけは絶対に小さくしてはいけない、手放してはいけないという農業資本主義で日本は進んでいたと思います。

それを戦後、ノーマンという人が日本を研究し、『日本における近代国家の成立』[*19]という有名な本を書きました。日本の兵士と農民は一体であって、この強い農業が農民を強くし、その農民が兵隊になった。これが日本陸軍の強い理由だと書いています。私は兵隊へ行きましたが、都市から行ったから農民ではありません。だから弱かった。俵を持てといわれても持てない。ところが、私の同僚はみんな農民だったものだから、三〇キロの俵を平気で二つぐらい担いでしまう。それくらい体力が違いました。そういう意味で日本の兵隊は強かったと思います。

＊19『日本における近代国家の成立』　著者E・ハーバート・ノーマン（一九〇九～五七年）は、長野県軽井沢で宣教師の息子として生まれ、戦前の日本で育った。ケンブリッジ、ハーバード大学などで学び、カナダ外務省に入省。四五年九月に来日してGHQ（連合国軍総司令部）で働き、四六年から五〇年まで駐日カナダ代表部首席。五七年アメリカのマッカーシズム（赤狩り旋風）で、ケンブリッジ時代の思想傾向などから「ソ連共産党のスパイ」と指弾され、四十七歳で当時の任地カイロで飛び降り自殺した。その著書『日本における近代国家の成立』（一九四〇年、邦訳四七年）は、占領軍の日本政策の基礎資料になったとされる。また、『忘れられた思想家――安藤昌益』（一九四九年・邦訳一九五〇年）を著し、日本では歴史家として名高い。岩波書店から『ハーバート・ノーマン全集』（全四巻）が刊行されている。

そのような形で日本の農業を日本の生産力の基礎にして、これで工業化を進めました。これはイギリスがエンクロージャー・ムーブメントでどんどん牧羊地をつくって、畑をつぶしていったのと全然違います。イギリスは毛織物をつくって世界に輸出していくのですが、そのときは、羊を飼うところをどんどんふやしてエンクロージャー・ムーブメントが起きました。日本の場合は、エンクロージャー・ムーブメントが起きません。桑畑だから起こす必要がなかったのです。そこで農地は農地で残り、桑畑は桑畑で農家の片手間の仕事として蚕の生産が行われて絹織物がつくられていきました。このようなことでやったので、農業中心であるという考え方が抜けきらなかったと思うんです。したがって、戦争になってしまうとよけい食糧不足になるので、これをなんとかしなきゃならないとなります。戦後も食糧不足ですから農業を守らなきゃいけないというので、農業中心です。農業を守るためには米価を高くしなければいけない。米価を高くすれば必ず農業はやれる、喜びのある農業ができると考えられました。

そのころ私は米価審議会に入っていたんですが、私は政治家たちからよく言われました。日本の農業を守るためには生産者米価が安くてはどうにもならん、だから生産者米価を上げるべきだという主張でした。ところが、私が米価審議会に入ったころから大蔵省も次第に考えが変わってきます。亡くなった渡辺美智雄さんが農林大臣になっていろいろ考え方が変わってきて、新農政という考え方が生まれました。渡辺美智雄も米価を上げることはよくないという発想に変わってきます。なぜいけなかったかというと、農民は米価を上げろ、米価を上げろと主張しました。千鳥が淵にある農林省の分庁舎で会議が行われます。そこの前が広場になっています。そこへ行きますと農民が朝から集まっています。会議は十時から始まるんですが、紛糾にまきこまれてはいやなのでその二時間前、これならだれもいないだろうと思って私は八時に行きました。農民は早起きで五時に起きて集まっています。私が行ったら、あいつだ、あいつだって言われて取り囲まれました。米価を上げろ、米価を上げろって喉を締められ、蹴飛ばされ、洋服も破かれてしまいました。警官が見ているので、警官に「委員だ、委員だ」って。委員だから助けろっていう意味で言ったら、「いいんだ」と聞いた警官が、「よくない、よくない」って（笑）。変な話でね。やっと農林省の役人が気がついて、私を中に入れてくれて助かりました。そういう事件があったくらい米価引き上げに対して要求が強かったのです。（参考中村靖彦『農林族』（文春新書））

ところが、その人たちは、ほんとうは農民代表ではなかったのです。彼らは農協代表でした。つまり、農業協同組合の職員でした。さらにそこに付け加わったのが国鉄の労働組合です。そのころは公的労働組合というのがありましたので、公的部門の労働組合が一緒になって米価を上げろ、米価を上げれば賃金も上がるという形で要求していました。それを私たちは最後まで知らなかったのです。農民と思っていたんですが、農民ではなかった。なぜ彼らがそこで強くいったかというと、簡単です。生産者米価が上がると、上がった分で肥料と機械を農民に買わせる。これで農協は成り立つという流れです。農民は高い機械を買い、高い肥料を買う。だから農民は少しも豊かになれない。これが農民たちが機械貧乏といわれはじめた理由です。したがって、農民たちには、生産者米価を上げろ、上げろという運動があったけれども、やがて農民たちは生産者米価を上げても自分たちにはなんのプラスにもならない、機械貧乏になるだけだというようになります。そこで農業中心という考え方が少しずつ変わるんですが、しかし、それはいまでもまだ大きく変わっていません。それが結果的には前川レポートにあらわれてきたということになるでしょう。

農業中心の考え方が抜けきらない。税制でも、小倉武一さんがどうして税制調査会の会長になったのか。考えてみると、中山伊知郎、その次が東畑さんです。東畑さんは農業専門家です。そのあと小倉さんです。私がなってからあとでも会長代理は、農林次官です。私が十年やっているあいだにずっと助けていただいたのが元農林次官の松本作衛さんです。松本さんは、食糧庁長官をやりました。農林省では食糧庁長官をやるのが次官のポストです。松本さんが食糧庁長官をやったとき、私は米価審議会の委員だった。松本さんと米価審議会でやりあいました。松本さんも心の中では生産者米価を上げてはいけないと思っていました。そう思っている人に私が質問するものだから、終わると仲間の役人に言っていたらしいです。加藤というのは、なんだ、なんで私をいじめるんだと。私はいじめる先頭に立っていた感じなんです。ところが、だんだんわかってきて、加藤さんはそうではなく、米価を上げてはいけないと主張した人である、農業をつぶすとはいっていないと。松本さんと私の違うところは、松本さんは、農業はつぶしちゃいけない、しかし、米価を上げているといきづまるから農業を守るために自制すべしという人です。私は米価を上げると競争力がつかない農業は自由化の中で競争力を持つべきだという発想です。だから米価を上げてはいけないということについては松本さんも理解してくれて、私が税調会長になったときに、すぐすすんで自分が代理になってくれました。それでそのまま十年間続いてきました。税制については、農業関係以外は実に公正な判断をされる方で、ずいぶん助けてもらいました。いま石さんに替わって、石さんの会長代理は農林次官で現在農林中央金庫理事長の上野博史さん。つまり、日本の審議会の重要なところには、必ず農林省の方が重要ポストに入っているようですね。

前川レポートをつくったときも、私の強力な論争相手になったのが、沢辺さんという農林次官です。この人も農業を守るために必死になっていました。そういう状況でした。前川さんは日銀だから全然わかってない。いい人ですから話せばわかってもらえると思っています。私が、農水省が抵抗してなかなか農業自由化はできませんよと前川さんに言ったら、そうか、じゃ電話をかけてあげようといって、沢辺さんに電話をかけて、加藤さんの言うことを聞いてくださいよって伝えました。そうしたら沢辺さんが、自分じゃいえないものだから、岩手県の玉沢さんという農林関係の代議士を引っ張り出して私に会わせて、農業を守るためにどうしたらいいかというので私を説得しようとしたことがありました。

玉沢さんの迫力はすごいです。おれは毎朝、肥え桶を運んでいるんだとかいって腕を見せる。大根みたいな腕でびっくりしました。これだけの筋肉を持っていなければ農業を論ずる資格はないって言う。筋肉と農業は違うと思うけれど、私の腕を見て、おまえは兵隊に行ったこともないだろうって言うから、「行きましたよ」、「行ったっておまえは東京の近衛師団かなにかにいたんだろう」、「そうじゃない、私は高崎の連隊、元乃木将軍の連隊でやったんだ」って言ったら、「へえ、弱いやつがいたもんだなあ」って言うくらいでした。

そういう状況の中で前川レポートがつくられました。いつも農業が中心です。税制調査会の消費税を導入するときも農業が大きなひとつのテーマになる。そういうことで農業問題が強烈に私の税制調査会のあいだでもいつも左右していました。

黒川　それほど大きな意味を持っている農業畑の人たちを変えていくにはどうすればいいんですか。

　アメリカ人の学者が言っているんですけれど、まず日本は農地改革をやれと言うんですよ。農地改革はやっていると思ったら、まだ残っていたんですね。市街化調整区域とか、農民が遺産相続したとき、農業をやるかぎりは税金を取らない。固定資産税もただです。

ものすごい農業優遇です。そういうことがあって農道空港をつくったり、なんかしている。そういうところを直すためには、農業予算を削るしかない。平成十二年はじめて米価を買い上げる費用がゼロになりました。すごいですよ。ものすごい変化。外国でさえやっていません。フランスへ行って言うとびっくりする。日本てすごい国だ、そんなことがどうしてできるんだって。ふつうはできないみたいです。それをやった。要するにお金を減らすことですよ。いま予算の中で統計の半分は農業だから。

そこから手をつける。ふつう改革をするときは、食糧攻めにするというのがふつうです。農業を食糧攻めできない（笑）。要するにお金で詰める。次に農地法なんかの改正をもっとふつうのようにやる。宅地並み課税をやれと。

次にやるべきなのが、地方へ農業政策を移す。国がやることはない。いま中国から輸入が増えたねぎ・しいたけ・いぐさにセーフガードが適用されたのは、日本農業の株式会社化を規制しているから、中国にでかけて日本が生産しているのですよ。それを輸入禁止するなんてバカげてます。

三　政治家と税調の暗闘

黒川　政治家の集団というのはすさまじいものですね。

農業関係のほか、族というのがいっぱいあるのですが、もう一つは建設族、道路族です。あとで税調でもやるんですが、その前に土光臨調で行政改革、国鉄の改革をやった。国鉄は、動労とか国労は、農民出身者が多い。一つの話をしますと、北海道の国労の人が、国鉄がなくなったので東京に転職になって東京へ来ました。そうしたら一ヶ月で帰りたいと言う。なんで帰りたいのかというと、東京はこんなに忙しいとは思わなかったと言う。北海道にいたときは、農業をやりながら列車がきたときに出ていって、畦道で青い旗を振る。それを一日二回やればいい。それで国鉄職員で給料がもらえます。傍ら農業をやっている。こんな楽な仕事はなかったと言う。それなのにいまの仕事は、朝から晩まで働かされる、こんな仕事はいやだから帰ると言うんです。いかに農業に国鉄が支えられていたかがわかります。農業に支えられていた国鉄が、結果的には国労が中心になっているのですが、そういう人たちが私たちに反対運動をやります。同時に国鉄の債務を減らそうとなると、私はそのときから言ったのですが、道路の特別会計は国鉄に回すべきである、なぜなら国鉄が衰退したのは、道路ができて自動車が走るようになったからみんな国鉄に乗らなくなった。だから道路をつくったということは国鉄が衰退する方向をつくったんだから、その意味で責任を負って道路特別会計からお金を出すべきだと言いました。ところが、たいへんです。田中派の議員たちは、そのときは住友電工の会長の、亀井さんもいましたが、とにかく灰皿が飛ぶんですからね。だからあそこは全部アルマイトです。けがしないように。そういう状況でした。とにかく田中派と福田派が論争する。福田派は福田さんが重量税は一般税であるから揮発油税とは違うと言いました。ところが田中派は、重量税も揮発油税も、田中さんが道路に使えといったんだと言う。この田中さんの亡霊と福田さんの亡霊が争う。そういう意味で日本は対立がひどかったことがわかります。そのことが税制にも出てしまいます。税制で揮発油税に手をつけようとしたり、重量税は一般税になっているのに、八割は道路財源として使うことになっています。これをなんとかしろと言いますと、たちまち大きな争いが起こってくる。政治というものがどんなに邪魔しているかわかりません。

そのとき大蔵省の役人は、政治家はひどいやつだと言う。私も大蔵省の人はわかっているなと思うわけです。ところが、私から見ると大蔵省の腰が弱い。つまり、大蔵省は政治主導といったってろくな政治はできないだろうといいながら傍観しています。故人となった元総理福田赳夫主計官が戦時中、軍事予算に抵抗したような気力がいまの役人にはありません。行政は政治のいうことをきくという原則を守っています。自分のセクショナリズム。財務省は財務省、厚生労働省は厚生労働省、全然違うことを言っています。こんなことでやっているわけですから、最近、政治と行政の転換、官僚主導から政治主導へといわれていますが、私はどちらも反対です。政治主導も行政、官僚主導もまちがいです。どちらが主導になってもだめです。政治主導になれば、いまいったように政治家が自分たちの利益のためにしか考えません。

とくに政治主導がいちばん困るのは、政治家が手を結んだり、結ばないというときは、政策ではない。仲間です。つまり、おれとあいつは血縁関係がある、おれとこいつは昔から同郷の士だとか、こういうことで手を結ぶ。政策で手を結ぶのではなく、人脈で手を結ぶ。この人は、おれのお父さんのときに世話になったとか、そういう話で出てくるので、二世議員がふえればふえるほど政治はおかしくなります。小泉内閣の前に橋本さんが行革担当大臣だったのですが、その前、橋本さんが総理になったとき、何が起こったかある人に確認したのですが、あの人は派閥報復人事をやる人だそうです。たとえばイギリスで国葬があったとき、橋本さんが日本の代表として行きました。皇族のだれかも行きました。

その皇族と橋本さんの車は一緒に動かなきゃいけない。そこへ別の車が入ってしまいました。そうしたらそのときロンドン大使の池田さん。この人は当然次官になる人だった。それが、橋本が、あんなやつはだめだといって首にして阿南に替えました。この人は中国べたべたの人です。こんな人がなったために河野洋平さんとかみんな中国へ謝りに行くことになったという話を聞きました。そういう政治主導はよくないです。いま日本は、公平に人材を使えば、もっといい政治になると思います。

徳川時代がなぜあれだけ続いたかというと、政策です。徳川家康は、政策で、それをやる人物を選んでくる。だからすごい。たとえば家康は家光が嫌いなんだけれども、家光を第三代将軍にすると言っています。なぜか、秀忠が大嫌い。秀忠が頼りない。あいつは政策ができない、家光ならできる。なぜなら家光が利口だからではない。あいつは、とんでもない人嫌いというか、勝手なことをしたがる。勝手なことをしたがるから、やろうと思ったらやるにちがいないというんで家光に任せます。家光はそのとおり、お庭番をつくって柳生のいうとおりに動いて、全国の外様大名のお家断絶をやりました。家康はそういうふうにやった。人物ではなく、政策で人を選んでいました。そこが徳川幕府が長く続いた理由です。その意味で日本は、政治主導なんてとんでもない。小泉さんの登場はその点よいことです。

では、自民党から外に出ていま野党になっているグループは、政策グループといえるでしょうか。

小沢一郎さんの場合は、いちおう政策です。ところが、政策がわかる政治家が日本にほとんどいない（笑）。政策がわからない。いま政策が若干わかっている政党は民主党です。ところが、民主党は力がない。政治家じゃないんですから。鳩山由紀夫さんは鳩山一郎の孫です。みんな政治家とまちがえている。鳩山一郎が強かったのは、鳩山薫子です。あれが北条政宗の裏にいた政子です。豊臣家だったら北の政所です。それが鳩山一郎をあれだけの政治家にした。あのころ学生だからよく知っているけれど、鳩山はほんとに情けない政治家でした。こんなやつがどうして政治家になるのかと思いました。吉田茂を倒して出てきたでしょう。私は信じられませんでした。そのときにいたのが三木武吉です。かれが派閥を操って、自由党と民主党を合併させて自民党をつくりました。その後ろでは、もちろんアメリカのマッカーサーが動かしました。だから日本の政治は、全部アメリカの顔を見ながらやっています。どんなすぐれた政治家も日本の政治家はだめ。期待できない。

黒川　政治の力をくぐりぬけていくのは難しいものですね。

税調にくっつけていいますと、私が会長時代、外から見ると結構成功した、うまくやったという人が多いんです。なぜかというと、自民党が単独政権でなくなったからです。連立政権になった。野党が与党になった。この人たちと接することは、ものすごくやさしかったんです。というのは私は学生時代から民主社会主義者、民社党です。民社党の連中はみんな野党にいる。その人たちはみんな私のことを知っている。伊藤茂さんという社会党の人でさえも私は味方だと思っている。自分の奥さんが病気で死にそうだなんて私にわざわざいって、だから答申をちょっと待ってくれとかいう人なんです。そういうふうに仲がいい。だから接しやすかった。細川さんは私のことを知らないはずなのに、野党から聞いていたんでしょう。村山さんも私のことを知っていたから、結構話が通ずる。だから私は非常にやりやすかった。自民党だけだったら、山中貞則さんがまた盛り返すかもしれない。しかし、山中貞則さんは選挙で落ちてしまいました。三％の消費税を決めるときも、飯島清という政治評論家と二人で山中貞則のところへ行きました。税調に入っているときに、消費税が五％で決まろうとしたから、だめです、小倉会長は、農産物を非課税にしなければ日本で消費税はできないと言っています、だから五％だと非課税がなくなる、三％にすれば非課税を導入したのと同じになる、二％分は非課税になるからそうしましょうと言いました。赤坂の一ツ木通りにある料亭だけれども、そこで、彼は糖尿病だからインスリンの注射を打ちながら、そうか、やっぱり三かなと。その翌日、三％を打ち出す。通ったんだけれども、山中貞則は、みんなから批判される。五と言っていたのがなんだといって大蔵省はみんなそっぽを向いた。そこで選挙に負けてしまった。また復活しましたが。そのときに連立政権になったことが、私にとってプラスでした。

みんなリーダーが違うから、それぞれ話し合いができない。自民党の人はいままで野党の人としゃべったことがないからわかりません。私はみんな野党党首を知っています。共産党は知らないけれど。社会党とも、新進党とかできたけれども、小沢とか、みんな個別に会っていろいろ話して、こうやりますよ、どうですかとやりました。そこでみんな話がつきました。それで大蔵省は私を煙たがって、加藤というのは、政治家と直接交渉する男だ、あいつは税調会長としてはふさわしくないという意見が出てきました。でも、実際は私が言ったようになってしまうので、結局、しょうがない、任せようということでずっときました。これが現実です。

四　売上税から消費税へ

黒川　では、他の審議会と比べて税調がこの時期こんなに重みを持ったわけはなぜですか。

まず第一に、いうまでもないですが、経済情勢が歳出を賄うだけの税収がないということが明らかになったことです。税収、増税では絶対に日本の財政は救えないということは、だれでもわかっています。これがまず第一で税制調査会が注目されました。最初主計局はひどくて、支出だけつくりました。税収はありません。たとえば税収は五〇兆円しかありません。それに対して支出が八〇兆円。三〇兆円足りません。足りないところを主計局が予算をつくったときに、要調整額と書いて持ってきます（笑）。私は、これはなんだといったら、主税局の人はあまり疑問を感じません。あたりまえだと思っています。とにかく足りないところを補うのが税ですなんて言っている。冗談じゃない。使うほうを節約しないで税収だけふやしてくれというのはおかしいじゃないか、要調整額なんてけしからんといったら、一昨年からやめました。予算から抜けました。つまり、それだけ税制に対して彼らが気を使いだした。それが第一です。

第二番目は、税に間接税が入ってくる。これは直接税だけではできないことがわかっていたから、間接税、消費税を導入したのでしょう。これはシャウプ勧告[*19]からの税制の大変革です。私が気がつかなかったことを言うと、私は税制専門じゃないものだから、シャウプ勧告がどういう意味を持っているかも知らないし、シャウプが何をいっているかよく知りませんでした。よく石さんが言うものだから、じゃと思って調べてみたら、なるほど消費税なんて言ってない。そこへ間接税で消費税を入れました。だからたいへんな変革でした。石さんがよく黙ってくれたと思うんですが、八田達夫さんなんかがいきり立って、間接税なんていらないんだって言っているが、それは主流になりませんでした。

＊19　**シャウプ勧告**　正式には、シャウプ税制勧告。財政学者シャウプを団長とした日本税制調査団の報告。昭和二十四年と二十五年の二度にわたり、わが国の税制改革に関しＧＨＱ（連合国軍総司令部）に提出された勧告は、所得税中心主義の税制の確立、申告納税制度の導入、地方自治強化のための地方税財政の改革など、第二次世界大戦後からの今日にいたる税制の基本方針を形成した。この勧告に基づく二十五年度の税制改革によって「シャウプ税制」は確立したが、その後の税制改革はシャウプ税制の崩壊過程にほかならないともいわれている。

三番目には野党が分裂したこと。だから指導者がいなくなりました。つまり、税理論を言う人がいなくなりました。その税理論を、私は税調が伝統としてきた税理論以外を知らないからくり返していうわけです。それがいつの間にか、大蔵省が、あの人はいい、われわれの考えている税制原則をちゃんと言ってくれるというようなことになってきて、多少はずれたことをいってもみんな文句を言わなくなりました。

四番目に大蔵省が汚職を起こしたこと。大蔵省はがたがたになってしまいました。そこで瀬島龍三さんに頼んで大蔵省改革のための懇談会というのができました。瀬島さんが私をその懇談会の座長代理にしました。だから私は勝手なことを言ったのです。要するに審議会というのは、自由にものが言えなきゃおかしい、それを税調の当局が、こういうことを言っちゃいけません、ああいうことを言っちゃいけませんと変えてしまうのはおかしい、絶対これはやっちゃいかんと言った。それで自由に言うようになりました。それでしょうがない、加藤会長が言うことだったら黙っていようという感じになったのです。それは、最初に私が税制会長になったとき、小川さんという主税局長がいました。この人は秀才なんだけど、うるさかった。私がなんかいうと、あれはいけない、言い直してください、記者会見をもう一回やってくださいとか、そういう感じでした。私は一回だけやったけれども、ばかばかしくなって、冗談じゃない、なにもあなたが言うことを私が言う必要はないというんで、もう言わなくなりました。そこへ国民福祉税をやることになったものだから、主税局はカヤの外におかれました。たとえばまず最初に大蔵次官だった斉藤さんと通産次官の熊野さんの二人は仲がよかった。その二人が絶対、主税局には黙ってきてくださいと言う。私は呼ばれたけど、なんだかわからない。行ってみたら、実は自分たちは、いま消費税引き上げを考えています、したがって、こういうことはどうでしょうかと言う。私は、それは考えてもいいと思うけれども、実行するのはたいへんですよ、どういう戦略でいきますかと聞いたら、彼らは税のことはあまり知らない。増やすことは考えていたけれども。税をどうやって上げていいかわからない。「消費税を増やそうと思うならば、戻し減税にしなきゃだめですよ、あるいは生活必需品ははずさなきゃだめですよ」と言ったんだけれど、そのときは、あんまりはっきり考えてなかったみたい。だめだなあ、これじゃできないんじゃないかと思っていた。そしたら細川さんから電話がかかってきて、「来てくれ、大蔵省に絶対言わないでくれ、主計局にも主税局にも絶対言わないでくれ」と。「だれか連れていきましょうか」といったら、「だれかいい人いますか」、「石さんがいいですよ」、といって石さんを連れていきました。

細川さんの官邸に石さんと二人で行ったんだけれども、そのときはたいへんでした。キャピトル東急の前に車を置いておくから、そこでそれに乗り換えてきてくれと言う。007みたいに乗り換えて行きました。入るところが、高速道路のそばにある裏門の裏門で（首相官邸の裏)、板の戸があって警官が立っているから、そこから入ってくれという。

　脇は石ばっかり。中庭を通って、首相公邸のほうに入りました。あとで考えたら、どうも隣に斉藤と熊野がいたんじゃないかと思うんですが、よくわからない。とにかく石さんと私が入ると、細川さんがこういう案ではどうだろうと、例の国民福祉税をもってくるわけです。石さんが、一部直した。直すと、またしばらく行っちゃう。相談していたと思う。それで国民福祉税が出る。そのとき、石さんも私も言ったんだけれども、これは誤解されるからむずかしい、できたらいいけど、国民福祉税という名前をつけて大丈夫かな、むずかしいじゃないかという話をしました。しかし、細川さんは、自分はこれしかないといって結局やりました。大蔵省の役人が全然こないから説明を聞いてないわけです。七%に国民福祉税を上げたらどういうことが起きるかということは全然、大蔵省の役人が計算していないからわからない。それを細川さんは発表しました。そしたら新聞記者に、七%に上げることによってどうなるかと聞かれる。全然わからない。いや、あれはただ腰だめの数字ですなんていって全然答えになっていない。結局、つぶれてしまいました。

　あれは私から言わせると、もっと周到な準備をしてやれば通ったかもしれない。細川さんの名前が残ったかもしれない。だって、細川さんが消費税を上げようなんていうことは考えられないことでしょう。そのあと三%から五%に上げるとき、村山さんは認めるんだから、たいへんなことですよ。

黒川　こんな複雑な税調に入られたきっかけは何だったのですか。

私がどうして税調に入ったかというと、中曽根さんが売上税で失敗したでしょう。そのとき僕がある雑誌に論文を書いたんです。「売上税に泥を塗ったのはだれだ」と書きました。それを読んだ尾崎護さん。後に次官になりました。それと薄井信明さん。そのとき尾崎さんは審議官でした。薄井さんは課長でした。その二人が読んで、この人はいいと。そのとき私のことを知らなかったらしい。土光臨調で知ってはいたが、税についてどう思っているか知らなかったらしい。それを読んでそのとおりだ、加藤に入ってもらおうという話になったようです。その前に、実は暴れ馬一〇人というのが入っていました。中曽根さんが税調をかき回してほしいというので、売上税をやるために、それを支持する一〇人の税調委員をつくりました。飯島清、リクルートの江副、公文俊平、牛尾治朗、堺屋太一、屋山太郎、渡部昇一なんかが入りました。（世間では暴れ馬一〇人と呼んでいました。）しかし大蔵省は、暴れ馬一〇人はいらなかった。それを中曽根が無理に入れたんです。大蔵省としてはもっとゆるやかにやりたかったのだろうが理論的すぎて売上税が失敗したので、そこで私を消費税間接部会会長にしました。私は間接部会を引き受けて消費税をつくっていくんです。

そのときに竹下総理。ふつうは私は小委員会の委員長ですから総理が諮問なんかしないのです。わざわざ竹下さんに呼ばれて、加藤先生お願いします、私は在任中にどうしても消費税を入れたいんです、それは大平さんの弔い合戦です、やりたいと思っていますが、どういうふうにやっていいかわからない、ぜひやり方をつくってくださいと言う。私は、わかりました、よくわからないけど一所懸命考えて、消費税の大綱をつくりましょうといってつくりました。それをつくったときに、さっきの三%と関連があるんですが、大蔵省は五%と言った。それを私が三%にしたものだから、なんで五%にしてくれなかったかというわけね。私は、非課税でなく一律三%にしたから、必ず五%にするのを私の責任でやりますと言っていた。その流れからすれば後に五%に上げるということは、自然の成り行きだったですね。

五　目的税は好ましくない

黒川　消費税は定着したとはいえ、いぜん評判がよくないから、「消費税の福祉目的税化は不可避である」という主張が強くなってきましたが、その方が同意しやすいのではありませんか。

平成十二年四月五日、自民・公・保三党による連立政権合意書が成立しました。

「高齢化社会での生活の安心を実現するためまず二〇〇五年を目途に、年金、介護、後期高齢者医療を包括した総合的な枠組みを構築する。それに必要な財源の概ね二分の一を公費負担とする。基礎的社会保障の財政基盤を強化するとともに、負担の公平化を図るため、消費税を福祉目的税と改め、その金額を基礎年金・高齢者医療・介護を始めとする社会保障経費の財源に充てる。」

これをきっかけとして、消費税の福祉目的〝税〟化が急速に浮上したのですが、この考え方は、消費税導入の当初から存在していました。細川内閣の国民福祉税もそうした流れの中で登場し、さらに自民・自・公連立、自民・公・保連立によりこの意見は強くなりました。そこで平成十一年はとりあえず、「福祉目的〝税〟化」を「福祉目的化」と言い換えて、予算総則に明示することで妥結が図られたのです。

しかし、今後は、こうした「福祉目的化」という妥協案でとどまらず、「消費税の福祉目的〝税〟化」がよりいっそう主張されてくると予想されるので、政府税制調査会もこれに応ずるため、『わが国税制の現状と課題――二一世紀に向ける国民の参加と選択――』（以下『税制白書』）を平成十三年七月に中期答申として公表しました。

要約すれば、消費税はもともと一般財源として創設されたもので、目的〝税〟化は財政の硬直化を招く恐れがあり、諸外国においても消費税を目的税としている例は見当たらない。水野勝氏は、「基幹税である消費税を福祉目的税とするのは、消費と福祉とがどういう関係にあるのか明白でない」（『納税通信』平成十一年一月四日）と疑問を呈していますが、慎重に対応すべき問題であるというのが税制白書の述べていることです。

さらに「消費税の福祉目的〝税〟化」案は、社会保障の年金、医療といった共助を中心とする分野と生活保護などの公助の分野も含めようとしていることです。たしかに、租税と社会保険料とは、国民の立場からみて税とかわらないので、両者を合わせて国民負担率としてあらわすことが多いのですが、しかし、本来、公助と共助とは別の理念であって、その理念を明確にしなければ「小さな政府」をめざすといった政党が、福祉をすべて国費として「大きな政府」になるのは逆の方向であって不可解といわなければなりません。

こうした保険料を基軸とする社会保障制度のあり方からみて消費税を目的〝税〟化していいのかという議論については、たとえば堤修三氏「鏡の国の福祉目的税」（『社会保険旬報』一九九九年一月十一日号）は「福祉はすべて国がやるべきことか」と鋭くついています。理念が明確になっていないからです。

では目的税とは何なのか。吉田和男氏は次のように指摘しています（『ファイナンス』平成十二年七月号）。

『もともと特定財源制度は少なからぬ問題を持っている。一般に財政は「国庫統一の原則」として、すべての歳入を一般会計の歳入とし、国民にとって優先度の高い順にこれを割り当ててゆくことが望ましいとされてきた。すなわち、特定の税が特定財源制度の対象となっていると、特定の歳出以外に使えないために、財政需要としての優先度が仮に低くても歳出が行われることになる。すなわち、その事業規模が財政需要からの要請で決まるのではなく、必要性と関係のない財政収入の大きさから決まることになることが大きな問題点として指摘されてきた。行政が国民の必要から行われるのではなく収入があるから行われるのであれば、非効率な行政によって国民に超過負担を負わせることになるのは間違いない。

その典型例がガソリン税であり、この場合、道路建設の必要性から事業規模が決まるのではなく、ガソリン税収入の大きさから事業規模を決められることになる。』

以上、述べてきたことから明らかなように三党連立政権合意書は、論ずべきことが論じられておらず、きわめてあいまいなものとしかいいようがありません。そこでは税制をどうすべきかという議論よりも、いかに消費税をうまく引き上げられるかという策略がみえかくれしています。ただ誤解してならないことは、福祉目的〝税〟化したからといって税収と福祉支出が同額である必要はない（佐野正人氏『租税研究』一九九九年一月号）のです。つまり、「消費税を福祉目的〝税〟化」しても、それを賄うまで消費税率を上昇させる必要はないし国民の負担が減るわけでもなく、一般財源が硬直化するだけです。では何のための目的税化なのでしょうか。

大田弘子氏（『日本経済新聞』「やさしい経済学」平成十二年三月二八日）はこの危惧を明確に述べています。

『第一は、国民の消費税への批判をかわし、税率引き上げを容易に行うための小手先の手段として、目的税化が出てきていることだ。細川政権時の国民福祉税構想も同じだった。表紙の付け替えで国民をごまかすのではなく、消費税への不信感を生んでいる制度の欠陥はきちんと改め、社会保障財源の選択肢として提示すべきである。

第二に、社会保険料の上昇を抑制するために基礎年金の国庫負担分を増やす方向が打ち出され、それが消費税の福祉目的税化につながっていることだ。保険料を国庫負担に振り替えても、負担の総量は変化しない。高い給付と低い負担を両立させるマジックは存在しないのだから、まず将来の負担を抑制する社会保障制度改革を行うべきである。負担増の話が出るたびに保険料や税に安易に振り替えたり、将来の負担増から議論をそらすのは本末転倒だ。』

堀勝洋氏は保険方式の存在利点を生かすことが重要であり、目的税化だけをターゲットとすることは個人へしわ寄せを拡大すると述べています（『日本経済新聞』「経済教室」平成十一年五月十三日）。

では、福祉目的〝税〟化した場合、どの程度の消費税率になるでしょうか。

消費税の福祉目的〝税〟化によって、消費税収（国分）の使途は基礎年金、老人医療及び介護とされていますが、消費税収（国分）ではこれらの経費の国庫負担分を賄いきれません。

仮に基礎年金、老人医療及び介護に係る給付の全額を消費税収によって賄う場合厚生省が平成九年九月に行った推計などを基に機械的に計算すれば、現行の消費税収（国分）に加えて消費税の税率引き上げ分はすべてこれらの給付のみに充当したとしても、国・地方を合わせた消費税率は、平成十二年度ベースで約一三%、平成三十七年度ベースで約二八%まで引き上げる必要があると試算されます。しかし、政府税調では消費税引き上げをなるべく痛税感のないしくみにすることが大切だと考え、欧米並みのしくみと税率水準を考えていました。

また、この税率引き上げ分についても現行の地方税交付税制度（国の消費税収の二九・五%を配分）が適用されると仮定した場合には国・地方を合わせた消費税率は、平成十二年度ベースで約一六%、平成三十七年度ベースで約三七%まで引き上げる必要があると試算されます。さらに、現行の地方消費税制度（国の消費税額の一〇〇分の二五が地方消費税額）も適用されると仮定した場合には、その分、国・地方を合わせた消費税率はさらに高くなります。なお、追加的な消費税負担が社会保障給付に与えうる影響（年金額の物価スライド等）や国・地方の歳出に含まれる消費税負担増加などを勘案した場合、必要な税率の引き上げ幅はさらに大きくなります。これでは逆進性緩和のしくみを整備しなければ不可能でしょう。それゆえ、安易な目的〝税〟化は好ましくないといえるのです。

六　納得できる税制を

黒川　目的税なら納得する国民もいるでしょうが、それがだめだとすればどうすれば税制は重税といわれなくなるのでしょうか。

これからの大問題は何かというと、構造改革しない限り大増税です。大増税必至です。それが選挙の争点にもなっています。大増税必至だから、僕が言いたいことは、増税じゃないということ、つまり、楽々と増税に慣れるという条件を納税者にも大蔵省にもつくってほしい。つまり、いやじゃない、国のためだからやろうという気持ちになるような税制にしてほしいわけ。それをするにはどうしたらいいか。第一は、確定申告です。源泉徴収もやるんだけれども、年末に確定申告する。アメリカスタイルですね。

自分で納得して払ってください。もし納得できないときは、納税者反乱委員会というのを設けて、そこにお金を供託して裁判で争うことができるようにしてください。昔は行政委員会というのがありました。行政の不満をそこで裁判したんです。戦後なくした。なぜかというと、地方自治法の中から反乱権を除いてしまった。反乱されたら共産党が騒いで困るといって除いてしまった。いまないんです。それを早くつくりなさいと。つくってちゃんと納税者が反乱できるようにしなさいと。そういうのを決めたいのが一つ。それをやって確定申告をやる。そうすると自分で、これだけはしょうがないやと思って払うようになります。これでいいんです。

二番目に法人税。法人税はアメリカ並みに下がったんだから、あとは連結納税とか分割納税を早く導入する。これは法人税とは違うけれども、早くやる。そうしないと日本の株式が動かない。貯蓄ばっかりする。一三〇〇兆円の預金が一四〇〇兆円になったんだから。一年間で一〇〇兆円増えました。これじゃ消費が減るのはあたりまえです。アメリカは消費がプラスで貯蓄がマイナスだからみんな使う。日本は逆なんで、貯蓄がプラスで消費がマイナス。これを早く直すためには４０１（k）をどんどんやったほうがいい。企業分割をやりなさい。そうするとアメリカからどんどん投資がくる。日本には連結納税がないものだからアメリカは投資しにくい。それをもっとやりやすいようにする。いまはできることになっている。条件はできた。あとはいつ実行するかだから、早く実行する。少なくとももペイオフができる来年にはだめですね。平成十三年までにやらなきゃだめです。だけど、連結納税の実行は平成十四年なので、ちょっと遅い。そういうことをやりなさいというのが法人税です。

今度は消費税。これがいちばん重要。この消費税については、ヨーロッパ的インボイス型がある。アメリカは州税でやっている。

問題は、私たちがやらなきゃいけないのは、消費税をどうしてみんないやだというのか。外税になっているからです。ヨーロッパでは全部内税です。消費者保護法に書いてある。消費税は内税にしなきゃいけないと。なぜならば消費者が選択する価格は、実質価格じゃない。税を含めた価格です。それで高いか低いか考えている。税金を除いて比較したらほんとうの比較にならない。ということで、ヨーロッパでは、消費者保護法では外税にしてはいけないと書いてある。日本は外税にしろと消費者基本法に書いた。全然考え方が違う。それを直せるかというと、困っちゃう。インテリの仕事をしている業界ほど外税です。出版社がそうです。みんな抵抗している。それでいながらずるくて、カッコ付けて合計いくらと書いてある。ならはじめから内税にしろと言いたい。

自分たちは責任がないと言いたいんだね。ところが、また日本人はおかしいと思う。クタシー料金、交通料金、全部内税です。なんにもみんな文句を言っていない。そうなればいいのですが、そこを直せるか。私はむずかしいと思っている。できませんよ。

インボイス[*20]はできるわけない。なぜかというと、フランスは零細企業が一〇%もないんです。中小企業で二〇%ぐらいです。日本は、零細企業が半分ぐらいある。だから零細企業のおじいさん、おばあさんが毎日伝票を調べられない。わからなくなっちゃう。

＊20 **インボイス（仕送り状）方式** ＥＵ諸国を中心に採用されている方式。事業者は消費税の申告書とあわせて、仕入れの際に売主側から受け取った仕送り状（税抜きの売上金額と税額を明記したもの）を税務当局に提出することにより、仕入れ時に負担した税額が売上高に課税された税額から控除できる。税務当局は仕送り状を一本化することにより、脱税の監視も容易になると考えられる。わが国での早急な導入が検討されている。

会計士、税理士の数を大幅にふやす。そういう資格者をつくろう、弁護士をふやそうという感覚であればいいいんですけれど、ところが、税理士を減らそうという制限が行われている。弁護士はふやそうというのに、司法試験合格者は拡充しようというのに、驚いたことに税理士は減らそうとしている。

国税専門官、公務員で雇った人を雇いたいから、新たに外から若い人を採るのはやめてほしいと言っている。ひどい話なんです。いまの大蔵省の役人の地位を守っているんです。今度、税理士法改正が通っちゃったんですね。そうすると税理士はなかなかとれない。税理士が増えないと、インボイスなんてたいへんですよ。税理士の仕事をふやすだけです。零細企業は暮らせなくなっちゃう。そういう状況だからインボイスは不可能です。大体領収書を取り交わす風習が日本にはないんだからなかなかできない。

全員が確定申告になって、みんなが領収書を持つようになったら、おもしろいけど、税制調査会では反対もありますね。

確定申告ができれば、最初に全員が申告納税しなきゃいけないことになります。

消費税は展望がないというわけじゃないけれどインボイスは無理。内税にすることもむずかしい。アメリカ・バージョンで地域型で売上税もあるけども、これも同じ問題にぶつかります。埼玉と東京で税率が違ったりとかね。

だからむずかしい。そこで残るのは、戻し型減税。支出税方式で、消費税を支出税に変える。つまり、一年間確定申告をやるわけだから、一年間でどれだけ消費したかわかる。経済企画庁がいつも保護所帯で発表している。生活保護所帯の生活必需品はこれですと発表している。その分だけみんなに戻す。

ところが確定申告を全員がしていなきゃいけない。そうすると金持ちももらえる。戻し税で、いま全員にやるとどれぐらいになるかというと、地域振興券と同じです。四兆円ぐらい。

いま日本中四七〇〇万世帯です。生活保護世帯というと、月一六万円ですから、二〇〇万円の最低所得の人たちに消費で戻すと、二〇〇万円全部消費したとすると五%だから一〇万円。一〇万円分を四〇〇〇万世帯に返すと、四兆円。

郵便代のほうが高いから取りにこさせる。このあいだ地域振興券でやったでしょう。そのとき世田谷区で取りに行かなかった人が六万人いたんです。いらないって。だから楽なんですよ。それをやりゃなんでもない。これをカナダがやっている。これを日本に導入すればいい。そうすれば消費税がなんともなくなる。二〇％消費税結構ですということになる。こういうことを考えないと消費税の改革はできない。それをいまの時期にやっておかないとだめです。

消費税は、そうしたら上げられる。一〇％にしてもいい。みんな感じない。だって生活必需品は上がらないんだもの。一年たったら戻ってくる。うれしいじゃありませんか。

領収書は集めなくていい。見なしでやることになる。生活保護世帯が決まっているんだから。概ねサラリーマンの場合はヨーロッパと同じくらいの二〇％消費税になっても生活必需品分は戻ってくることになります。

戻ってくるから喜んじゃう。要するにみんなが喜んで税金を払うようにしなきゃ成り立たないと思うんです。大増税をいかに人々に負担をかけないように増税ができるかということを考えることが一つ。もう一つは、大増税がくるわけだから、支出、歳出をどれくらい効率的に減らせるかということを考えなきゃいけない。これをやるためには、私がいったように国有企業の民営化、規制緩和、地方のストックの放出。失われた十年間にため込んだ地方のストックを吐き出せ。この三つをやれば立ち直れる。なにも私たちは六六六兆円を全部返す必要はない。一部でいいから返せと。あとは棚上げにしておけばいい。平成十三年も財政赤字は二七兆円ふえる。でも、政府は二兆円減ったといっている（笑）。いま日本は構造改革をやるべきときですね。

国もそうだが、地方もいま改革のときですね。

Ⅳ　改革への地鳴り

一　改革への地ならし

大学で教鞭を執るだけでなく、積極的に世の中の諸問題に深くかかわっていたいという意識は、若いころからありました。戦争が終わって帰ってきたら、日本は荒廃しており、ドイツはなぜ復興できたのか、を勉強しました。当時、慶應大学には土屋清、稲葉秀三といった錚錚たる方々が講義に来られており、日本はどうしたらよいのか、を説明してくださいました。私も何とか日本経済を立て直さなきゃだめだという意識を強く持っていました。

学問上こうだと思っていても、それができなければ仕方ありません。私は学者として、初めから「理論は実践である」と考えていました。マックス・ウェーバーに「タートザッヘ」という言葉があります。ドイツ語で事実という意味ですが、タートというのは行為、ザッヘは物、つまり物を実行することによって事実になる。そういうドイツ語です。私の先生である気賀建三先生は、価値判断を入れない政策はないと主張されていましたし、そもそも、福澤諭吉先生の「実学」という考えも、実践をしない学問は無意味であるという考え方です。

学問の分析に政治プロセスというものを取り込まなければいけないという考え方がしだいに広まり、慶應大学にそうした考えに基づいて日本で初めて総合政策学部を作りました。今ではそうした学部が全国で五十幾つあります。

アメリカでは、この政策論は当たり前のことで、ケネディが大統領になったら、途端にハーバード大学・ＭＩＴの先生が、どっと政権へ入ります。私はこれが本当の政治だと思いました。単なる政治屋がやる政治ではなく、やはり学問を持った者が、政治家でなければだめだということを感じました。

善人で死んだってしょうがない

私は、前途したように中曽根政権が売上税導入になぜ失敗したのかという理由をある雑誌に書きました。それを尾崎護（元大蔵省事務次官）さんが読んで、ぜひ税調に入ってくれと声をかけられました。これが政府税調に参加したきっかけです。

私は尾崎さんに、「消費税をどうしてもいれなければならない、しかし売上税ではだめで、一般消費税でいくべきです」と主張しました。尾崎さんもそのように考えていました。それでは意見が合うから、やろうかということになり、間接税特別委員会ができて、消費税

について まとめていきました。消費税の導入は、私のかかわった改革の中で、国鉄民営化とならんでいちばん大きな改革だと思っています。

政府税調会長を辞めても、(「税の大悪人」と書かれた投書のはがきを手に持って)「消費税を上げるな」といった手紙が、まだ私のところに届きます。実はこの人たちのためにやったのですが、そんなことを言っても仕方ありません。改革には悪役が必要です。私は悪役でありたい。つまり善人で死んだってしょうがないと思います。

私は、税調に参加するに当たって、初めから消費税の問題を念頭に置いていました。これができなければ日本の財政破綻は目に見えていたからです。私は消費税導入のとき、「消費税の導入と行政改革は同時にやらなければならない。行革をやらずして消費税は導入できない」と言いました。

いま再び財政が破綻していますが、二〇〇五年までにこれに手を打たなければ、日本は没落します。

私は、税調の前に、第二臨調で、国鉄改革、電電改革に取り組みました。また、三木さんが総理になったとき、臨調の前にスト権スト審議会に参加しました。スト権ストの懇談会を作ったときに、「公社の労働組合は公的機関だからスト権が与えられていない。そこで、スト権を与えてやろうと思っているが、どうやったら与えられるかを考えてほしい」と三木さんに頼まれました。

私の結論は、結局、公社が経営形態を民間に変えれば、スト権は与えられるというものでした。その議論が結果的に、公社経営形態を論ずる審議会につながり、そして臨調となりました。このように、臨調での民営化論議はスト権ストにまで源流をさかのぼれることができます。国鉄改革は三木さんのころから、十年間の戦略を持っていたのです。

中途半端な電電改革は十年日本を遅らせる

行政改革と財政改革は一つのものです。それを私が橋本（元首相）さんに話したので、橋本さんが「六つの改革」と言いました。けれども、あれは失敗です。改革というのは一点突破、集中突破でしかありません。何でもやろうとしたら改革はできないのです。

現在、私が考えている日本改革の道は、「二兎を追わざれば一兎をも得ず」、日本のことわざでは、二兎を追えば一兎も得られないと言うでしょう。それを逆に、「二兎を追わなければ一兎も得られない」と。これが今の状況です。

つまり、二兎というのは構造改革と景気の持続、この二つを同時にやらなければならないということです。

問題は、二兎が一つの方向になるには、どうしたらよいのか。つまり、別な方向へ行こうとしているウサギをどうしたら二兎並べられるか、です。しかし、小渕さんにはその戦略がなかったため、中途半端に終わってしまいました。つまり国債累増だけで終わったのです。

具体的に、二兎を並べるには、どうしたらよいのかというと、まずは集中的におカネをＩＴ革命に使うことです。これが一つ。ただし、使い方が肝心です。私が言っているのは、政府がＩＴ革命におカネを出すことではありません。例えば光ファイバーというと、すぐ政府がつくれと財界は言いますが、アメリカは全部、民間でつくりました。日本の財界はその点、パラサイトと言えるでしょう。

二兎を並べさせるにはＩＴ革命がポイントですが、いろんなマイナスが起きます。ＩＴ革命を進展させるためには、ＮＴＴの完全民営化が必要です。そうすると、二万人もの失業者が出ます。政府のやるべきことは、その失業者対策であり、産業対策ではありません。なぜ、私がＮＴＴの分割・民営化を主張したかというと、やらなかったらＮＴＴが「持ち株会社」をつくって、東日本と西日本に分けてしまいました。それでは、賃金など労働条件がみんな同じになってしまうからです。

分割できたなら、例えば、東京のＮＴＴと、九州のＮＴＴとは賃金も違い、いろいろな競争が生み出され、接続料金も下げられたでしょう。ＮＴＴを分割できなかったことで、日本の情報産業はアメリカと比べ十年遅れたと思います。国鉄は成功しましたが、ＮＴＴ改革は中途半端に終わってしまいました。民営化まではできましたが、肝心の分割ができなかったからです。

米ＡＴ＆Ｔは会長が率先して改革に当たり、会社を分割し、接続料金が下がりました。日本では真藤さんが電電公社の社長になりました。出身が製造業の社長で、労働組合の専門家でした。だから、真藤さんは、「これ以上やればストライキが起こってしまうから、民営化だけにしてくれませんか」と労働組合に妥協しました。

それで私は当時の全電通（電電公社の労働組合）委員長の山岸氏と会いました。そうしたら山岸氏が「加藤さん、民営化だけ認めてよ。民営化したら、あとは分割をやるから」と言い、「本当か」と尋ねたら、「真藤さんがそう言っているから」と。その後、真藤さんに聞いたら、「民営化したら、その後で分割をやるから待ってください」という返事がかえってきました。そうしたら、例のリクルート事件が起きました。私は、あれは仕組まれた事件だと思っています。

真藤さんがやめたから分割ができなくなり、山岸氏は、「よかった」と言うことで、それに乗っかってしまいました。その彼が、後に連合会長になって、勲章をもらったのです。

分割・民営化を主張した学者の仲間も私の周りにはたくさんいましたが、その半分が郵政省から研究費が出て、裏返っていきました。

今、財政赤字の問題を論じる学者には、大蔵省の息がかかっています。要するに、彼らの議論は、「借金していると大変なことになる、借金は返すべきだ」なんていう議論です。それでこうすればよいということも書いてありますが、できないことばかり書いてあります。そんなことをやっているのが日本の学者です。つまり、今の日本の学者は日本を裏切っているのではないかと思います。

例えば国鉄改革のやり方を日本にも当てはめてみます。六四五兆円の累積債務を棚上げし、それでプライマリーバランスを達成させることでいいと思います。六四五兆円のうちの四〇〇兆円は根雪で、あと二四五兆円が新雪、つまり降る雪なのです。その新雪を止める必要があるのです。これを止めないとどんどん膨れ上がります。

それを止めるためにはどうすればよいか。目標はそれだけです。経済学者には六四五兆円全部を解決しようと思っている人がいますが、そんなものは要りません。ドーマーの定理では、国債の金利が成長率を下回っていれば、必ず根雪はなくなります。それなのに、やたらに全部をなくそうなくそうと思っています。

日本にはネットで一〇〇兆円の国有財産があります。ただ、それを売るのではなくて、担保にして国債を発行するのです。例えばアメリカのTBを日本は三〇〇〇億ドルぐらい買ってあげています。この買ってあげている三〇〇〇億ドルを担保にして、国債を出します。その国債が返せなくなったら、担保はアメリカのTBになります。アメリカが返せばいいのです。そういうことを考えていけばいいのですが、大蔵省はそうした国有財産があることを隠しています。

強力な官僚機構を戦略的に改革せよ

日本は本当に官僚天国です。官僚機構を改革するには、特殊法人を突破するしかありません。だからこそ、僕は特殊法人だけをやり玉に挙げてきました。

なぜ国鉄、電電の改革を必要としたのかというと、改革を日本全体に広げ、特殊法人全体を改革しなければだめだと考えてきたからです。僕は郵貯の分割・民営化を主張して、全国を一二のブロックに分けることを考えました。橋本内閣の行政改革の中間報告でも、郵貯の民営化をやると書いています。しかし、その後どんどん切り崩されて、結果的に郵貯の分割・民営化は消えてしまいました。

今度の省庁再編で、官僚に油断があったとすれば、それは行革の推進役の総務庁の中に、郵政省と自治省を入れてしまったことです。これがポイントです。総務庁は行革の推進役であり、自治省は郵貯を地方に使っていきたいでしょう。こうした中から、郵便貯金の自主運用が言われ始めました。自主運用するということは、地域分割の可能性が出てきたということです。

ただ、これを実行するには、もう時間的に間に合いません。公社にするのがせいいっぱいですね。したがって、この間はあきらめて、とにかく担保を使って国債を発行し、ＩＴ革命を成長の先導役にして改革をすすめるしかない、それが私の考えです。

米価値上げ、国鉄・電電改革、消費税導入、税制改革などいずれも利害がからみ、簡単に物事は進みません。しかし、そんなとき、私は土光さんが書いてくれた額を見上げます。「正しきものは必ず強い」という言葉を私にくれたのです。だから、どんなに周りから抗議されても、へこたれる必要はありません。正しければ必ずやれる、報われますと、土光さんは言ってくれました。今でもそれは私の支えであり、土光さんに感謝をしています。正論を言っていれば、必ずいつか誰かがついてくる。ついてきてくれたら、行けるんだと信じているのです。「官を懼れず、官に頼らず」が私の信条です。

二　小泉改革への期待

その私の信条に答えるように小泉政権が突如登場してきました。その改革の成果はまだわかりませんが、小泉内閣には私のかねてからの親交ある方々が入閣してくださったのでその成果に期待したいと思っています。経済閣僚の方々とのテレビでの対談記録を見ていただきましょう。

(1)　小泉首相改革への信念

加藤　小泉さんと言えば郵政民営化ですが、その前に亀井静香さんが言っている介護保険の凍結、見なおしについては如何お考えですか。私は、内容については、民間活力を生かすための六五歳以上を対象としたバウチャー制度（政府がキップを配布する制度。ドイツが導入）等の工夫が必要と思いますが、二〇〇〇年四月導入と決まっていたことを見なおすことは国民に不安を与え、国民に辛いことだと思いますが。

小泉　亀井さんの批判は最初から議論の中にあったことで今さら蒸し返すのはよくないと

思います。今や六〇歳の子供が八〇歳の親を見るとか、女性が介護に専念せざるをえないということで、このままでは、かえって家族が崩壊し、親子の絆がなくなります。まずやってみて、悪いところがあれば直せば良いと思います。

加藤　介護の認定も第三者に任すのは、「寝たきり老人」なのか「寝たふり老人」なのかわからないというなど、難しい問題がありますね。

小泉　私は介護は究極のサービスと考えています。家族の介護が一番であるのは当然だが、慣れれば家族だけより快適だと思います。

加藤　経済学では、家事労働は統計に入りません。亀井さんは、今回の介護保険では自分の親を介護するとお金を貰えないので他人に介護を任せて自分は他人の世話をするようなことになると言っていますが、私は自由を与えれば解決できると思います。ところで、介護は税負担で行えという議論がありますが、給付と自己負担が見合う保険ではなく、税金では性格が異なるものであり、問題です。

小泉　保険料の負担を嫌がる人が消費税でやれというのですが、こうして年金や医療も消費税によるとしたら、税率を二〇％以上にしなければならず、またこうした考えは救貧思想であり、高所得者は対象としないということにもなりかねず、サービスも低下してしまうでしょう。

加藤　ノーベル経済学者のセン教授が、社会保障とは、潜在能力を発揮させるためのものであると言っていますね。能力のある者まで保障するというのはおかしい。それに、消費税の引き上げは、所得税の引き下げを前提としたものです。

小泉　そもそも、今回の税負担を主張した論者は、かつて消費税の福祉目的税化に反対していたのです。社会保障関係の予算は一五兆円で、消費税は一〇兆円ほどですから、目的税にしたら、社会保障が頭打ちになることを恐れたのです。

加藤　道路税を鉄道に回そうとしたら大反対が起きたように、目的税は族議員を生み、財政に歪みを生じてしまうのです。ところで、郵貯の民営化については、郵貯が廃止されるというような誤解があるようですね。国鉄民営化の時に駅がなくなるという誤解もありましたが。

小泉　郵貯が民営化され、役人でなく民間に任せればいろいろなサービスができるのです。廃止するということではないのですが、特殊法人の廃止と混同されているようです。国鉄や電電公社の民営化と同じです。ただ、先般、地域振興券の配布の際に、郵政省が郵便事業であると言って、すでに契約していた民間業者との契約を地方公共団体に断らせたのはヒドイ話です。官僚の民間いじめです。

加藤　信書の秘密があるからと郵政省は言いますが、実際には、年賀状はアルバイトが配っており、ポストから郵便物を集めるのも民間の株式会社に委託しているのに、おかしな話ですね。ある外国人の学長が郵便局が素晴らしいサービスをしているのに、それをつぶすのかと批判していますが、そんなことはないわけです。

小泉　郵政省は、民間では過疎地域の配達はしないと言いますが、ヤマト運輸に聞いたら、過疎地、離島も含め、全部民間でやっているのです。夜間割引とか、時間指定サービス、料金引き下げなども、すべて民間が先行し、郵政省が追随しているのが実態です。

加藤　郵政省は、民間に負けまいという意気込みはよいのですが、郵貯なども資金を集めて役に立っているのか疑問です。英誌『エコノミスト』に、日本の行く末に二つの分かれ道があるとして、そのどちらも暗雲が立ち込めているというマンガがあるのですが、財政悪化の問題も深刻です。わが国の財政赤字は、先進国中、トップからボトムに転落していますが、それでも、さらにメガフロートをつくろうなどと言っています。そのために国債を増発すれば、世界が日本の国債を買う際に、金利が高くなります。その結果、一五〜一六兆円の損失になり、新たに不良債権が発生したのと同じです。まさに「何処まで続くぬかるみぞ」です。

小泉　如何に不況対策とはいえ、財政を考えずに使って良い、何でもできるというのは、恐ろしいことです。かつての戦争で「不拡大方針」を出しながら、戦線を拡大していったのと同じです。

加藤　明治十二年に福沢諭吉が、多額の財政赤字を解決するには、デフレか、インフレか、戦争しかないと言っていますが、今や、その分かれ目に来ていると思いますね。

このあと小泉内閣登場となりましたが、その政策方針は少しも変わっていません。改革断行内閣です。

（テレビ東京　一九九九年十月十六日放映）

⑵　竹中戦略は好調

加藤　大臣就任以来はじめての登場ですが、竹中さんが大臣になられて、日本の混迷が少し良くなると思って、私はとても嬉しくなりました。堺屋さんが経済企画庁に入ったとたんに廊下にトリモチがまいてあって、足が上がらなくなって困ったと言っていましたがいかがでしたか。

竹中　皆さんに言われるのですが、意外と抵抗が無いという実感です。やはり小泉さんという強烈なリーダーシップを発揮される首相が出て、今度こそ霞ヶ関も変わらねばと思っているのでしょう。

加藤　一人一人の大臣の発言が、政府委員がいなくなったこともあり、自由に発言しているのがよいですね。

竹中　小泉総理自身が、何もメモを見ずに自分の言葉で話されるので、われわれも自分の言葉で話す雰囲気になっています。

加藤　大臣に就任して、一週間で、すぐワシントンとパリのＯＥＣＤに行かれて大変でしたが、小泉さんに対する評価はいかがでしたか。

竹中　私が、小泉首相とはこういう人だと説明すると、アメリカでは「プレイズ（賞賛）する」、パリでは少しクールでしたが「強い意志を歓迎する」と好意的でした。結果を出してもらいたいという期待を強く感じました。

加藤　小泉さんが突然出てきて、郵政民営化や首相公選など、いろいろなことをいっぺんに言って、大丈夫かと心配しましたが、結構ちゃんと定着している感じがありますね。

竹中　流れを読む天才的なところがありますね。織田信長は、比叡山焼き討ちや一向宗との争いなど、当時タブーとされたことを全部やりましたが、小泉さんも、郵政民営化や道路特別会計など、今まで誰もやれないと思っていたところに着手し、国民も大いに期待しています。

民主主義とは、民意を反映することで、総理も痛みを伴うことをやると公言しており、日本を変えるチャンスだと思います。先日、初めて月例経済報告を行ったのですが、私は、日本経済は短期的には弱含みであり、いよいよ最後のトンネルにさしかかったと言っています。不良債権処理や民間部門の活性化になかなか取り組んでこなかったので、またトンネルに入るのが、これを最後のトンネルにしなくてはいけない。思い切ったことをやれば意外と短いトンネルになるが、何もしないと長いトンネルになる。その意味で、私は、問われているのは小泉政権ではなく、国民自身が問われているのではないかと思います。

加藤　トンネルでもたもたしていると追突してしまう。しかし思い切ったことをやると失業がかなりでる。経済財政省の失業予想はかなり少なめであるという声がありますが。

竹中　一部の民間のシンクタンクが言うほど大きな数字ではないと思いますが、注意は必要なので、骨太の方針を出す予定です。

加藤　ＯＥＣＤでは、不良債権を早く処理しろと言われましたか。

竹中　小泉政権を評価すると同時に、日本経済は回復していないと、実態については厳しい評価でした。将来に向かっての方向性が見えてきたとわれわれ自身が評価することが大切でしょう。

加藤　小渕内閣の時の経済戦略会議で出した方針ですが、プライマリーバランス回復を実現する方向が出てきましたね。「構造改革なくして景気回復なし」ということは、構造改革は景気回復につながるということです。橋本首相は財政縮減を行って景気が失速してしまいましたが、私は、構造改革をしながら、財政改革が結果としてできるのであり、財政にこだわってはいけないと思います。むしろ明治以来の日本経済の構造にこそ問題が潜んでいるのです。つまり、土地を担保にした間接金融が限界に来たのです。皆が、一四〇〇兆円の個人貯蓄を預金ではなく、株式に投資することが大切です。そのために株式配当の税優遇をやればよい。

竹中　財政は手段であり、財政赤字は深刻ですが、その解消を極端に目的化するのはいけませんね。結果として解決できれば良い。加藤先生がリスクマネーのことをおっしゃいましたが、今まではノーリスクの貯蓄が大部分であり、これがリスクマネーに入れ替えればと思います。小渕内閣の一つの柱はチャレンジャー支援であり、株式運用を税制面から支援するも含まれる。もう一つはベンチャー支援であり、リスクをとってチャレンジしないとリターンがない。これは小泉首相の言う米百俵の精神と通ずると思います。

加藤　リスクがなければ収入はない。株主優遇と批判されることもあるが、やはりリスクがあっても収益がとれる政策が必要です。

竹中　リスクをとらずにリターンを得ようというのは、ないものねだりですね。「リスクなくしてリターンなし」は、創造的破壊が資本主義の発展の源泉であるというシュンペーターの精神そのものであり、かつての日本ではこうした考えが支配していましたが、この十五年くらいはなくなりましたね。

加藤　日本の技術は決して劣っておらず、凄いものがあります。アメリカの製品の中に日本の技術が入っているのですから、もっと自信を持ってもよいと思います。

竹中　ハーバード大学のジェフリー・サックス教授がいろいろな国の競争力を調査して、社会で持っているサイエンスは日本が一位でした。ただ、これをビジネスで生かしているかというと何十位と後退するそうです。

加藤　リスク分散が政府の仕事であり、やることをやって駄目なら政府が手当てするべきです。失業対策と同様にセーフティーネットをつくるべきです。ＩＴ産業にお金を入れるとか、ＩＴ戦略産業をつくることではないのです。

竹中　ＩＴ戦略会議をつくり、ＩＴ革命の推進という方向を打ち出したのが森政権の功績ですが、政府は高速ネットなどのインフラ整備を行うことが役割なのではなく、規制緩和を行うべきです。しかし、国民のＩＴを使うための情報リテラシーを高め、ＩＴが楽しく活用される環境づくりも大切ですから、そのためのモデル地区等をつくっていくことも大きな課題です。

加藤　公共工事をやめて、人の育成に使うことが大切ですね。小泉さんは道路財源の見直しも打ち出されていますが、一万四千km必要だと言われる道路がもう半分以上完成しているのに、揮発油税の半分と重量税をあわせたものが道路建設に当てられている。これを減らしてよいのではという声が出ているわけですね。

竹中　国会で、経済財政諮問会議にこの問題をいれるのかという質問があり、「今検討している」と慎重に答弁しようとしたら、答弁席に歩いていく途中で、小泉首相が「やるって言ってよい」と私に言うので、これは、総理は本気だなと思いました。

加藤　郵政事業の見直しも、公共事業の見直しも進みそうですね。是非竹中さんが実現してください。

竹中　先生のアドバイスを得て、実現していきたいと思います。

加藤　小泉さんは、本当に日本の改革をやる決意がありますね。竹中さんに、道路財源の見直しをやれと言った、というお話を伺って身を挺してもやる気力があることがわかります。ハンセン氏病の判決に控訴しなかったのも決断力の現れです。普通は官僚の言葉に従うが、あえて異例のことを決断している。あれだけの判断力があれば改革をやってくれるのではと大いに期待しています。

（テレビ東京　二〇〇一年五月二十六日放映）

(3)　塩川大臣の傑出した調整力

加藤　私は、塩川先生にはこれまでずいぶん助けていただきましたが、財務大臣をお引き受けくださって大変嬉しく存じます。何も知らない評論家が、「塩川財務大臣のおかげで小泉内閣はマイナス三〇点」などと言っていましたが、私は冗談ではない、塩川大臣のような立派な方がいるからよい内閣なのだと反論したのです。就任以来人気も出て「シオジイ」などと呼ばれていますが、この二ヶ月間の感じはいかがですか。

塩川　私の孫まで「シオジイ」と呼ぶので、どこで聞いてきたとたずねたりしていますが、私は元来塩辛い人間ですので、まあまあよいニックネームだと思っています。

加藤　財務省は大蔵省の頃に比べて明るくなった気がしますね。『ファイナンス』という雑誌も表紙が一新しました。

塩川　モダンになりましたね。省内の気持ちも明るくなりました。大蔵省という名前にノスタルジーもあるようですが、国際的には財務省の方がわかりやすい。日本経済の国際的な問題を財務省が担当し、両脇に主計と主税を配置して、トライアングルに運営したらと言っています。

加藤　省庁再編の時に、金融部門を分離して大丈夫かと思いましたが、軌道に乗りつつありますね。ただ国債発行残高が増えているのは大丈夫ですか。収入が五〇兆円で支出が八〇兆円ですから、その差額の三〇兆円を何とかしなければなりませんね。

塩川　実は平成十四、十五年度が大変で、このままだとぐっと国債発行額が増えてしまうので、十四年度はこれを三〇兆円とするよう頭を抑えるつもりです。本当は三三兆円余りになってしまうので、三兆円ほど縮めなければいけない。国が二兆円程度やるから、地方で一兆円程度縮めてくれと言っていますが、大騒動になっています。二つの方法があり、一つは行政単価を見直すこと。たとえば二〇億円の事業を入札制度にしたら一五億円で済んだ。このように単価を見直したらずいぶん安くできます。先日も、学校給食はもっと安くできると父兄が言ってきました。

加藤　財政再建に協力しようという気持ちが国民に出てきましたね。

塩川　今のうちに何とかしないと国民に跳ね返ってくるという意識が出てきました。このチャンスに財政を直さねばならない。もう一つは、シェアやシーリングにこだわらないことです。予算を見直して重要か否かを濃淡つけること。伸ばすものは伸ばし、ニーズが終わって効果がないものはバッサリやる。

加藤　私もかつて国鉄改革で車両を入札にしたら一台の値段で二台できるようになり、J

Rもどんどん新しい車両に変わって気持ちが良いですね。

塩川　今まで当然と思っていたことがそうではなかったのです。いくつも改革の道があることに気がつかなかったのですね。

加藤　デフレなのに一～二年前の価格を用いて予算を組んでいるのもおかしいですね。

塩川　鉄とセメントを大量に使う公共事業は待ってもらい、駅前整備、下水道、学校、病院など、身近で人手を使う公共事業をやれと言っています。その方が経済の活性化と雇用対策につながる。大学の研究室も古くて危険であり、危ないところでよく今までやっていたなと思います。

加藤　緊張しますよね。ところで、そのための財源はいかがですか。

塩川　そこで見つけたのが、道路特定財源と特別会計です。これを見直してもっと活用する考えです。これまでは右肩上がりの経済で精神構造までそうなっていました。そこでこんなことがありますよと示したら、みんながそうだと気がつきました。ですから小泉内閣はものすごい人気ですよ。

加藤　財政支出を減らすのに、社会保障や地方交付税は難しいので、まず公共事業に目をつけられて、ひときわ目立つ道路財源に注目されたわけですね。田中内閣の時に道路がたりないので揮発油税をつくりましたが、今や十分建設され、後は赤字路線だと言われています。お金が入るからいらない道路をつくっているのではと国民は思っています。

塩川　山の中に高速道路をつくっても地域の開発は進みません。今は産業構造が違います。むしろ身近なところを整備すれば都市の便利さが増す。都会の中の地域開発、地方も生活に役立つ広場づくりなどを目指す。自動車重量税の六千億円余は目的税ではありません。国会で合意をしただけで、これをもっと生活に密着した駅前整備や地下鉄、立体交差などに使う。踏み切りで渋滞して通れないところが東京、大阪には多く、これを改めれば便利になり、排気ガスによる公害もなくなります。そのためにはガソリン税を納めている国民の皆さんに合意が必要であり、使い道を明示して納得していただくことが大切です。

加藤　私は千葉から東京に出てくる時に、ETCを使っていますが料金所に止まらないのでこんなに気持ちよいことはありません。外国は二十年前から導入しているのになぜこんなに遅れたのでしょうね。しかもETC専用ならともかく一般・ECと共通ゲートはおかしいですね。

塩川　立体交差も便利です。また地下鉄も注目すべきです。駅前も自転車で身動きがとれませんが、高架にして下を駐輪場にする。このようなものに道路特定財源が使えればいいと思います。

加藤　扇さんがやり始めましたね。

塩川　そうです。これを思い切ってやって欲しい。連続立体交差も必要です。地方の幹線道路はやるにしても、ちょっと待って欲しいということです。

加藤　それでも急に国道建設が減るわけではないですね。

塩川　そうです。それと工事費を見直す必要があります。一kmに何十億円かかるのはおかしい。

加藤　全国八万社ある道路会社のうちで舗装道路をつくる技術を持っているのは一千社しかありません。それなのに、資金が全部に配分されているのではいったい何をやっているのかと国民は思うでしょう。

塩川　介護保険もどうなっているのか見直さねば。清掃も大切だと思いますが、コストに見合っているか考えるべきです。

加藤　世界的に見ると、環境問題は環境税の導入によって解決される方向ですが、公共事業は見直すべきですね。公共事業族というものはあるのですか。

塩川　公共事業については、病院の上に老人施設を併設するとか幅広く考えるべき。それには規制緩和が必要です。それをしないと都市は良くならない。これからは思い切ってやります。

加藤　逆風はありますか。

塩川　たとえあっても説得するしかない。ちゃんと話せばわかるはずです。

加藤　話せばわかるということですね。ＰＨＰ研究所が「公共事業のリセットプラン」という報告を発表しました。日本の公共事業は特別会計が使われているので、ほとんどわからないということで、一年かかって研究しましたが、何と、ちょっと節約すれば年間三兆八千億円も節約できるということがわかりました。これだけあれば、財政再建への糸口ができるという金額です。これを見ても、情報公開ということが如何に大切かということがわかりますね。

（テレビ東京　二〇〇一年八月十一日放映）

⑷　『官から民へ』——石原行革

加藤　小泉内閣はたいへんな人気ですが、その中でも、石原さんが大臣になられて大変嬉しく思っています。是非がんばって欲しいと思いますが、すでにいろいろな抵抗があるのではないですか。

石原　特殊法人の改革を取り上げたところ、さっそく関係者の方が来られて政策的に必要なんですと説明されていました。また会合などで、会った方から公益法人の理事長の名刺を出されてお手柔らかにと挨拶されることもあります。

加藤　特殊法人は七七、認可法人も八六と数が多いですが、自民党機関紙の「自由民主」一面に石原さんが登場し、「行革のキーワードは民営化」というタイトルが出ていて、さあやるぞという感じが出ていますね。

石原　総理のおっしゃるとおり、民営化できるものは民営化することを基本でやっていきます。

加藤　特殊法人改革案については、私も土光臨調の時にやっていたが難しいと思いました。「もう役割を終えたのでは」と言うと、そんなことはないとすぐ反論される。一番先に文句を言ってきたのはどこですか。

石原　ちょうど、「簡保の宿」「グリーンピア」を視察に行ったので、そこでいろいろとお話がありました。

加藤　今は名前が変わりましたが、年金福祉事業団や雇用促進事業団が温泉のついた立派な宿泊施設を全国につくったのですね。

石原　私は指宿へ行ったのですが、簡保の宿では支配人が経営努力をされていて一二六人の定員が満杯でした。しかし、よくやると今度は民業圧迫になる。周囲の旅館組合の人と話をしたら怒っていましたね。

加藤　熊本城の脇の一番綺麗なところにもできて、近隣の旅館に影響を与えていましたね。

石原　不良債権の際たるものが地元の旅館、ホテル、学校、病院だと言われていますが、官が一生懸命やると民が圧迫され、不良債権にも何らかの影響があると思われます。一方で、官の事業も有償の資金、つまり借金ですから、借りているお金を一生懸命働いて返してくれなければ困る。このように日本社会の矛盾が施設系に現れている気がします。

加藤　役所の発想は、仕事というとすぐ旅館をやろうと考え、またそれが天下り先にもなっている。民に比べて施設は良いが、立居振舞がよくない気がします。

石原　はじめは加入者の福利厚生が目的だったのが採算が合わないものへも広げていったのがよくなかった。「地元に誘致されて」という面もあったとは言いますが、ツケを将来に送っていくことは小泉総理の時に止めなければいけないと思っています。

加藤　グリーンピアも名前はよいが、年間一～二億円の赤字がでており、このままではわれわれがためた年金の基礎的部分がなくなってしまいます。

石原　あれも日本人が将来は年に一～二ヶ月の長期休暇をとるというフィクションにもとづいてつくられましたが、こんなものを誰がつくったかと思うほど実に立派な設備です。山のてっぺんに百万坪というゴルフ場三つ分が入るくらいの用地を確保して、宿舎も立派ですが、客が入らずがらがらなんです。やり手の支配人が経費節減に努めているので、温泉プールがホコリをかぶって観覧車も動かない。いっそ壊したらどうですかと言ったら、壊すのに三千万円かかるんですと言う。現在、その町では年間七〇～八〇万人の観光客の一割がそこの施設を利用するそうですが、これでは民間はたまったものではないでしょうね。

加藤　石油公団はどうですか。

石原　新聞にも出ていましたが、油田を見つけて事業にするのは中々大変で、二六〇弱の事業のうち、黒字は三つで後はすべて赤字です。それを特別会計で補塡している。そもそもはオイルショックの時に石油確保を目的として行ったのですが、石油が安くなって、悪いほうへいっています。

加藤　今、世界全体も石油から天然ガスにシフトしている。原子力も行き詰まっており、エネルギー戦略として考えた時に、石油公団はこれでよいのでしょうか。

石原　かつては日本独自の油田を確保しなければ石油が来なくなる情勢でしたが、今は違い、メジャーは石油が余っているから供給する。また原子力もあるが、リサイクルとか、高速増殖炉とか処分もできていない。こうしたエネルギー戦略全体の中で考えなければだめです。

加藤　特殊法人改革は極めて幅広いが、規制緩和や郵政改革も含むのですか。

石原　広い意味では入りますが郵政は川上の部分。今は川下の改革に取り組んでいますが、郵貯二五〇兆円、簡保一二〇兆円、年金一五〇兆円とたまっている金が多すぎます。これらが特殊法人の事業費になっています。かつての日本は貧しかったからこれを借りて有効活用する意味がありましたが、不良債権がたまってきたとしたら問題です。

加藤　こうした貯蓄が株式市場に回れば株価も下がらず銀行の含み益も増えて不良債権問題も好転しますね。

石原　指定短期運用を通じて、こうした公的資金も株式投資に回っていますが、人が良いのかロスを出して多額の赤字となっています。会計を企業会計原則と同じにすれば、えっと驚くような結果が出ることになります。現在は現金主義会計だから、いくら使ったから良い理事長ということになってしまうのです。

加藤　たしかに現在の会計方式ではよく実態がわかりませんね。いずれにせよ、まず特殊法人改革から入って構造改革を始めるというのはよいことだと思います。私も以前、特殊法人のひとつである蚕糸事業団を廃止しようと思ったら通産省の役人が来て毎日、毎晩、その必要性について説明しようとするのです。そこで、私が、どうして蚕が必要なのですかと聞いたら、「蚕は神武天皇以来、いやアマテラスオオミカミも絹の着物を着ていらっしゃる大切なものなのに、中国に支配されていてよいのでしょうか」と言うのです。

石原　蚕は中国から来たのではないのでしょうか。

加藤　私もそう言ったら、「うーんそういうこともありますね」と帰っていきましたが、しばらくしたら、その人が挨拶に来て、実は職が変わりましてこの件はもう結構ですと言われ、他の事業団と合併しました。これからは、こうした陳情が出てくるでしょうがどう論破しますか。

石原　どれをやめなさいとは言っていないんです。私は年度内にも結論をまとめればよいかと思っていたのですが、先日特殊法人改革推進本部の初会合で、小泉総理が「前倒しで、年内にやれ」と指示され、また五兆三千億円の補助金もゼロベースで削れというのです。そして私に「一兆円くらいは出せるよな」と言うのですが、本当はそう簡単ではない。しかし、こうした小泉首相の強い意志を実現しようとして何とかついていかないと、せっかく動き始めた自転車が倒れてしまうのでそうした気持ちで年内にまとめます。

加藤　しかし参院選後は予算策定まで時間もないし大変ですね。

石原　八月末の概算要求までに、要求しないほうが良いという必要がある。もちろん予算査定作業もありますが。

加藤　国民に訴えて理解を求めていかねばなりませんね。

石原　特殊法人に関係ある国民は少ないのですが、そこは郵貯や簡保、年金などの運用先であって、天下りがたくさん働いており、目に余る退職金が払われているとしたらやはり正さねばならない。遠いようで近い問題なのです。

加藤　簡保の宿やグリーンピアのために、私達のお金がなくなるとしたら問題ですね。

石原　簡保の宿も員外利用が多い。割引券を差し上げて民間の宿を利用すればよいのに、マネジメントまでやって民業圧迫になっているのです。

加藤　民間に委託するという考え方がもっと出てよいですね。

石原　今は傘下の公益法人に運営を委託して天下っている。天下りを一概にいけないとは言いませんが、あまりにも高い賃金や退職金があるとしたら正さなくてはなりません。国民の皆さんの税金や、財産の本体を傷つけることがあってはいけないと思います。

加藤　どこから手をつけていきますか。

石原　新聞では、小泉総理が道路公団を改革するとか公的金融機関をひとつにすると言ったといいますが、そのような事実はありません。もっとシンプルな指示であり、民間だったら無駄なことはやらないのだから、民間でできることは民間に、地方でできることは地方にという方針でやってくれということでした。

加藤　個別に言うと、私は、道路公団、住都公団が目に付き、政策金融も問題だと思うのですが。

石原　私も六年前の村山内閣の時に政策金融機関の統合を担当しましたが、間違いだったと反省しています。総裁の数を減らすのではなく、九つの政府系金融機関の融資残高が一七〇兆円という、民間全体六〇〇兆円の三割近くも貸している公的金融のウエイトを減らすことが大切なのです。しかも相互にオーバーラップしているところが多い。その他の二〇いくつの特殊法人も同じように融資をやっています。そして民間が出そうと思っているところにお金が出ているので、民間金融機関は国債を買うしかないのです。

加藤　道路公団は第二の国鉄ですね。

石原　有償の借りているお金が返せるかどうかがポイント。五十年で無料開放というが長すぎます。国民の期待は世界最高の料金が下がり無料になること。それにはプール制に問題があり、鹿や猿に注意という看板がある道路が問題になりましたが、最近はクマに注意まで出ているくらい無駄な道路があります。

加藤　ある新聞に、地平線のかなたまで車の走る姿が一台も見えない写真がありましたね。

石原　それも昼間ですからね。しかも国道が平行している。無駄なことは止めると国民の総意で決めるべきです。

加藤　道路公団は売却するか民営化するかです。二七兆円の赤字があるので売れないという声もありますが、国鉄も二八兆円あったのに今や完全民営化に近づいています。いずれにせよ、石原さんが出てきてこんなうれしいことはない。是非期待しています。

（テレビ東京　二〇〇一年六月三十日放映）

加藤　私はこれは石原さんにお願いしたいんですが、現在総理は、もめたときに、必ずしも閣内が一致しなくても、多少一人二人反対があっても総意としてやってもいいということになっているんですね。総理が「やる」といって、やっちゃっていいんです。内閣法で改正になったんです。

石原　改正になったんですね。

加藤　やっていいわけです。実は政府税制調査会というのは総理の諮問機関なんです。だから、みんな集まらなくて答えが出なかったなら、総理は政府税調の答えを待たずに決断していいんです。それなのに小泉さんのいうのを聞いていると、政府税調のいうことを聞いてあげようというような雰囲気になっているでしょう。私は一度政府税調の頭をパシッとたたいた方がいいと思う。「あんた方は総理の諮問機関なんだから、自分たちが通らなかったら絶対成立しないよといったそういう驕った気持ちをやめなさい」。そうすると、自民党税調も少しおとなしくなる（笑）。

石原　総合規制改革会議も総理の諮問機関で、私が担当大臣ですが、先月中間とりまとめを出そうとしたら、選挙期間中なので案を出すなという。出すと選挙にマイナスだというんです。私は、小泉改革に具体的なものがないという批判を野党の方があれだけいってましたから、「規制改革だけは具体的なものを、ぜひ、宮内（義彦会長）さん出してください。総理の諮問機関なんだから、総理が出してくれといっている以上、出すのが役目ですよ」といったら、かなり短時間に充実した内容のものをまとめていただいた。

加藤　ええ。あれはよかったですね。

石原　こういうものも表に出したから評価されるんです。税もきっと同じ理屈で、「総理がこう思うんだからあなた方やってください」といって、だめだったら、「意見相ととのわず」で構わない。最後は総理が「両論あったけれども、こっちで行きます」というふうに決断する。

内閣府ができ、総理の権限が強まったことを、政治家も分かってないし、審議会の側も分かってないという過渡期特有の問題は、結構いろんなところで感じますね。

加藤　そう。だから今度石原大臣がおやりになるときに、特殊法人なんかでいろいろ議論が混迷するでしょう。そのときに石原大臣が一言おっしゃればいいんです。「あなた方の意見は分かった。しかしわれわれはこう考えている。われわれの意見が絶対間違っていると思わない。したがってこの問題については閣議にかける」とおっしゃればいい。閣議にかけるには、いままでは次官会議を通さなければかからなかった。今度は通さなくていいんですから。閣議にかけて、そして小泉さんに「やれ」といっていただけば、それでもう、やれるわけです。是非頑張ってください。

石原　なるほど。いい手法を最後に伝授していただきました。しかし、これはあんまり使わない方がいいかもしれません（笑）。

（『正論』二〇〇一年十月号所収）

⑸　風雲急を告げる竹中戦略

加藤　小泉首相は、八月十五日の前の十三日に靖国神社参拝に行かれましたが、改革についてもきっと前倒しでやってくれると思います。ところで来年度予算の概算要求基準を発表されましたが、いかがですか。

竹中　中身も大切ですが、従来は財務省が決めていた概算要求を、経済財政諮問会議が実質的に決定したという形そのものに意味があると思います。

加藤　決定した時に塩川さんと竹中さんがニコニコ笑っていてよかったと思いました。

竹中　塩川大臣のリーダーシップと財務省の決断と思いますが首相のリーダーシップの元

で予算を進めていこうという意味の表れです。

加藤　小泉さんは概算要求を決めるのに、いろいろと意見を言うのですか。一部では財務省と経済財政諮問会議で対立していたという話もありましたが。

竹中　マスコミは対立構造で報道するのが好きですから。しかしお互いに協力しないとできません。小泉首相が凄まじいリーダーシップを発揮したのは、三兆円を削減する時に、五兆円減らして二兆円を増やすと言った時です。主計局もつらく、各省庁も協力しましたが、小泉首相の手腕はなかなか見事なものでした。

加藤　工程表とはどのようなものですか。

竹中　経済財政諮問会議のメンバーであるトヨタ自動車会長の奥田さんが言っていたものですが、モノづくりにおいては、方針を実現するために具体的にいつまでにどうやるかを一覧表の形にする。メニューと予定表を一枚にしたものです。

加藤　土光臨調の時にも、住友電工の亀井さんが同じことを言いました。モノの生産、経営に携わっている方は同じことを考えますね。

竹中　経営者の発想であり、自分でプレッシャーをかけてやることが必要なのでしょうね。

加藤　私が心配なのは、工程表どおりにやって、株価が暴落して、一万円を切ることです。

竹中　小泉総理は「大胆かつ柔軟にやる」と明言しており、危機対応も工程表に入っており、これに基づいて改革を進めます。

加藤　私は株価が心配です。アメリカはＩＴ不況などで先行きが手づまりにあり、公定歩合を下げた。日本としても、４０１ｋを導入したが、株に力がない。これは都市再生やＩＴをどうするかまだわからない面があるためですが、証券税制の見直しを行うべきという声が出てきています。しかし分離課税の引き下げなどについては、政府税調も自民税調が意外と固く、消極的であり、竹中さんが出る時だと思います。

竹中　重要なことが二点あり、経済が悪くなっているのは改革のためではない。改革はまだ始まっていません。やはり「世界ＩＴ不況」のためであり、世界経済のリンケージが強いためです。対策は資産市場の活性化が中核であり、株と土地を上げるためには税制改正も一つの手段ですが、まず資産市場をどう活性化するかの議論をすべき。改革工程表の中にどう入れるかわれわれも議論をしました。

加藤　モノづくりなら納期があるはず。九月末には出るでしょうか。

竹中　一ヶ月以内に工程表の中で方向を出していきますが正念場は一〜二ヶ月。先日も総理に「歴史に残る秋になるのでは」と気負って述べたら「歴史に残る秋にしてくれ」と返答されていました。時間的制約の中でかなり厳しいことをやらねばならないと思います。

加藤　私は、九月に国会が始まる前に、まず税制改正を世論に訴えて、その後に特殊法人改革に入ってもらいたいと思っています。

竹中　多くの専門家が今年の後半からアメリカ経済は上向くと見ていましたが、V字型回復からU字型へ、そして今ではソーサー型、L字型という声もあります。大変厳しい。アメリカのようなニューエコノミーの不況は、われわれも経験がなく、予想ができません。世界的な経済のリンケージも強く、シンガポールも二期連続でマイナス一〇％（前期比年率）に落ち込んでいます。アメリカの減税や金融緩和の効果を見定めているところですが、厳しいと思います。

加藤　日本ではアメリカの税金は安いと思っていますが、ブッシュが大減税をできるほど、まだ日本よりも高い。まだ減税の余地があるのです。ところで、アメリカはＩＴで栄えているといいますが、インドや中国、日本に生産を任せており、モノをつくる力は落ちていますね。

竹中　ある程度は意識してそのような方向にしています。それが先進的だという判断です。しかし、ＩＴへの期待がしぼんでいるのが今の姿でしょう。

加藤　アメリカは減税が期待されており、ＦＲＢの公定歩合下げもありますが、日本ももっと金融でやるべきことがありますね。

竹中　金融の専門家が議論を尽くしていますが物価が下がり続けており、これでは不良債権の処理は困難であり、金融緩和への期待は強いものがあります。しかし、日本銀行はやるべきことはすべてやっていると主張しており、こう着状態です。

加藤　先日も金融緩和をしたが株が上がってすぐ駄目になりました。日本銀行は世界一のことをやっていると言いますが、対応が遅れています。速水総裁はすぐ辞めるべしと英『エコノミスト』誌が書いていました。

竹中　日銀当局がかなり厳しい態度です。しかし、経済構造改革が未知の領域に入ろうとしているのですから、金融も未知の領域に行かねばと思います。インフレターゲッティング論が議論されていますが、日銀はすでに三月十九日の時点で、消費者物価の上昇率をゼロ以上にするという目標を出しています。後は実現するために何をするかを明らかにすることが問題です。

加藤　インフレターゲッティング論は、総需要管理政策が前提となりますが、クルーグマンも二～三%と言っています。ただ日銀が黙ってやっていると、国民としては、超インフレにするのかと反論が出てきてしまいますね。

竹中　未知で効果がわからないと日銀は言いますが、そんなことは経済政策には一杯あります。金融政策に是非期待をしたい。目標と手段を明確にすること。日本はデフレ先進国として、新しいことをやっていかねばなりません。もう一つ、日本銀行の独立性についての議論が出ていますが、目標の独立性なのか、手段の独立性なのか、議論があるべきです。どちらかというとアングロ・サクソン系のいくつかの国は手段の独立性であり、欧州のいくつかの国は両方ともですが、日本ははっきりしていません。

加藤　ハイエクは中央銀行は不要と言いましたが、今後は地域通貨が大切になるかもしれませんね。

竹中　加藤先生に紹介されて、北海道の栗山町における地域通貨の実験を見てきました。これからの通貨政策の中で考えていかねばなりませんね。

加藤　今、対談の中で「地域通貨」について触れましたのでご説明しますと、これは一定の地域で発行される通貨であり、保証しているのは日銀ではなくて、各地域が中央銀行の役割を果たしています。これをもらった者は一年以内に消費に回さねばならないので、必ず消費が増えます。北海道の栗山町に続き、東京の渋谷区でも始めようとしていますが、これをうまく使うと日本銀行のお金が足りないという問題の解決になると思います。

（テレビ東京　二〇〇一年八月二十五日放映）

著者略歴

大正15年岩手県生まれ。昭和25年慶應義塾大学経済学部卒業。慶應義塾大学総合政策学部教授、学部長を経て平成6年から慶應義塾大学名誉教授。平成7年より千葉商科大学学長に就任。土光臨調で国鉄、電々、専売の民営化を実現。慶應義塾大学湘南キャンパスで教育改革を実施。日本経済政策学会会長、日本計画行政学会会長、ソ連東欧学会代表理事、政府税制調査会会長などを歴任。主な著書に『亡国の法則』(PHP研究所)、『教育改革論』(丸善)『官の発想が国を滅ぼす』(実業之日本社)、『行きづまる民主主義』(勁草書房)、『入門公共選択』(三嶺書房) など。現在日本公共選択学会会長。

日本経済の再生は近い

2001年 10月10日　第1版第1刷発行
2001年 10月15日　第1版第2刷発行

著 者　加《か》藤《とう》　寛《ひろし》

発行者　井 村 寿 人

発行所　株式会社　勁《けい》草《そう》書 房

112-0005　東京都文京区水道2-1-1　振替　00150-2-175253
編集（電話）03-3815-5277／FAX 03-3814-6968
営業（電話）03-3814-6861／FAX 03-3814-6854
本文組版 プログレス・港北出版印刷・鈴木製本

ISBN 4-326-55041-4

http://www.keisoshobo.co.jp

日本経済の再生は近い

2015年1月20日 オンデマンド版発行

著　者　加　藤　　寛

発行者　井　村　寿　人

発行所　株式会社　勁《けい》　草《そう》　書　房

112-0005 東京都文京区水道 2-1-1　振替　00150-2-175253
（編集）電話 03-3815-5277／FAX 03-3814-6968
（営業）電話 03-3814-6861／FAX 03-3814-6854

印刷・製本　(株)デジタルパブリッシングサービス http://www.d-pub.co.jp

AI955

ISBN978-4-326-98198-4　Printed in Japan